Beate Schümann · Volker Mehnert

Himmelsspeck und Fadoklang

Portugiesische Versuchungen

Beate Schümann
Volker Mehnert

Himmelsspeck und Fadoklang
Portugiesische Versuchungen

Picus Lesereisen

Picus Verlag Wien

Grafische Gestaltung: Dorothea Löcker, Wien
Umschlagabbildung: Schapowalow / Krieg
Druck und Verarbeitung: Remaprint, Wien
ISBN: 978-3-85452-946-0

Informationen über das aktuelle Programm
des Picus Verlags und Veranstaltungen unter
www.picus.at

Inhalt

Português!

Ein literarischer Auftakt

Da trifft der biedere Schweizer Lateinlehrer Raimund Gregorius auf seinem gewohnheitsmäßigen Schulweg durch Zufall eine mysteriöse Frau, und als er sie nach ihrer Muttersprache fragt, ändert sich schlagartig sein ganzes Leben: »Português«, sagt sie. »Das O, das sie überraschend wie ein U aussprach, die ansteigende, seltsam gepresste Helligkeit des E und das weiche Sch am Ende fügten sich für ihn zu einer Melodie, die viel länger klang, als sie wirklich war, und die er am liebsten den ganzen Tag lang gehört hätte.« Die Wirkung dieses einen Wortes lässt ihn Hals über Kopf das Klassenzimmer, das vertraute Gymnasium und sein ganzes bisheriges Leben verlassen, um sich kurz darauf im Zug von Bern nach Lissabon wiederzufinden. Portugal, seine Menschen und seine Geschichte werden für ihn über Nacht zu einer persönlichen Herausforderung, das Land und seine Kultur zu einer emotionalen Heimat.

Wie Pascal Mercier in seinem Roman »Nachtzug nach Lissabon« so nachfühlbar veranschaulicht, ist die sanfte portugiesische Sprache und ihr harmonischer Klang sicher einer der schönsten Gründe, um nach Portugal zu reisen und sich in dieses Land zu verlieben. Aber es gibt noch tausend andere …

Bica, carioca und garoto

Eine Gebrauchsanweisung fürs Kaffeehaus

Fast alle Wege führen ins Café, jedenfalls in Portugal. Dorthin also, wo sich der Mensch dem Hochgefühl des Zeitverstreichenlassens ganz hingeben kann. Bevor dies aber geschieht, müssen Sie in ein paar Geheimnisse eingeweiht werden. Denn man kann in Portugal nicht einfach »Kaffee« bestellen. Wer sagt: »Einen Kaffee, bitte!«, wird etwa ähnlich verständnislos angesehen, als würde er bei uns an der Käsetheke sagen: »Ich hätte gern Käse!«

Beim Kaffee sind die Portugiesen einfallsreich und bieten eine breite Palette unterschiedlichster Variationen an. Abgesehen von persönlichen Vorlieben spielen die Tageszeit, das Durchhaltevermögen der Magenwände und natürlich Imagefragen eine nicht zu verachtende Rolle. Ein rechter Mann wird nicht nach einem normalen Kaffee, *uma bica,* fragen, dem portugiesischen Espresso. Der ist zwar schon stark und wird in der typischen kleinen Espressotasse serviert; man kann ihn aber auch als *café duplo* in doppelter Ausführung bekommen. Wer seine besondere Härte beweisen will, bestellt den *italiana* oder auch *café curto,* schwarz wie die Nacht und bei Magenschwäche keinesfalls zu empfehlen.

Doch auch der stärkste Mann versüßt ihn mit einer ordentlichen Portion Zucker, wie überhaupt Kaffee ohne die weißen Kristalle für Portugiesen schier unvorstellbar ist. Zwischen Untertasse und Tasse eingeklemmt, wird das Knisterpäckchen mitgeliefert. Vor dem Öffnen wird es mehrmals gegen den Tisch- oder Tresenrand geschlagen. Das geht ganz mechanisch vor sich, um den Inhalt zu lockern. Dann fließt der süße Stoff gleichmäßig raschelnd in das Gebräu und wird, ein gewisser Hang zur Zeremonie ist unübersehbar, mit einem blechernen Miniaturlöffel ausgiebig und genussvoll verrührt. Dass am Schluss mindestens die Hälfte des Zuckers auf dem Tassenboden zurückbleibt, lässt darauf schließen, dass der Sinnenmensch letztlich den Durst über den vollendeten Entkristallisierungseffekt stellt.

Auf Vorder- und Rückseite der Zuckerpäckchen prangen übrigens die wohlklingenden Namen der großen Kaffeehersteller wie Nicola, Sical, Segafredo, Chave d'Ouro oder Delta. Es versteht sich von selbst, dass jeder Portugiese eine Lieblingsmarke hat, auf die er nichts kommen lässt. Maßstab für seine Inthronisierung ist die Schaumhaube auf dem schwarzen Trunk, *espuma* oder, noch raffinierter, *créme* genannt. Ohne ordentliche Schaumentwicklung würde in Portugal jede Marke durchfallen.

»Ó Senhor Manuel!«, ruft ein dicklicher Mann dem Kellner zu und hebt das kleine Schnapsglas. Manuel weiß sofort Bescheid. Denn zum Kaffee darf ein *cheirinho*, etwas Hochprozentiges, nicht fehlen. *Bagaço*, Tresterschnaps, oder *aguardente*, Weinbrand, gehen hier mit dem Kaffee eine sinnenfrohe Allianz ein. Auf Wunsch stellt der Kellner beides auf den Tisch, und der Glasinhalt landet meist sofort in der Tasse. Ein kräftiges, heißes Duftgemisch steigt in die Nase, das schon vor dem Genuss den Leib wohlig auf Touren bringt. In der südlichen Algarveprovinz wird der *medronho* bevorzugt, der Schnaps aus der Baumerdbeere.

Milder als die starken Schwarzen ist der *carioca de café*, eine *bica* mit einem Schuss Wasser verdünnt; manchmal läuft für den *carioca* auch einfach noch einmal Wasser durch den Kaffeesatz der letzten *bica*. Das »de café« ist wichtig, weil sonst womöglich Zitronentee vor Ihnen steht. Einer weiteren Nuance kommt man auf die Spur, verlangt man einen *café cheio*. Hinter ihm verbirgt sich ein Bohnengetränk, nicht ganz so stark wie die *bica*, doch etwas schwärzer als der *carioca*.

Eines ist sicher: den Kaffee in der bei uns bekannten Tasse gibt es nur in internationalen Hotels und untypischen Restaurants. Mit Glück kann man hier sogar Filterkaffee bestellen, *café de filtro* oder *café de saco*. Auch deutsche Plüsch-Cafés für Damen mit Hut, die nachmittags beim Plausch ein Kännchen Kaffee und Kuchen zu sich nehmen, wird man in Portugal nicht finden. Auf die süße kleine Kalorienbombe muss dennoch niemand verzichten.

Für eine *bica* hat man immer Zeit – mal mit Muße, mal auf die Schnelle, gern zwischendurch und oft im Stehen, aber auch im Sitzen. Fünf bis zehn Minuten reichen den meisten. Die Einladung zum Kaffee ist die beste Gelegenheit, um sich nach dem Befinden der Familie zu erkundigen, neueste Informationen in Umlauf zu setzen oder jemanden ganz unkompliziert kennenzulernen. Der Einladende bezahlt. Bei dieser Art des ritualisierten Kaffeetrinkens löst übrigens jede Preiserhöhung Proteste aus, die Regierungen zu stürzen imstande sind.

Schließlich gibt es noch die Varianten mit Milch – für Gelegenheitstrinker, Gesundheitsfreaks, Kinder und bei Bluthochdruck, wie man sagt. Etwa der *garoto*. Da wird die *bica* mit einem Schuss Milch versetzt und stilgemäß aus der Espressotasse getrunken. Anders der *galão*. Ihn bekommt man nur im Glas – endlich mal eine vernünftige Portion, wird der Durstige denken. Aber von Kaffee kann kaum mehr die Rede sein. Der *galão* besteht zu achtzig Prozent aus Milch und nur zu zwanzig Prozent aus Espresso. Angemessener wird der Kaffeefreund das Verhältnis bei *café com leite* erachten: sechzig Prozent Milch, die mit vierzig Prozent Kaffee in eine große Tasse kommen.

Da die Portugiesen selbst spät abends noch gern zum Tässchen greifen, haben sich die Kaffeeproduzenten darauf eingestellt: In kleinen roten Alu-Tütchen reicht der Kellner *nescafé* – ohne Koffein. Fachmännisch wird der Genießer erst eine kleine Portion vom löslichen Pulver in die Espresso-Tasse geben. Das Ganze rührt er dann mit Zucker und etwas heißem Wasser kraftvoll schaumig und gießt den Rest Wasser auf – ein geradezu feierlicher Abschluss des Abends. Der *descofeinado* dagegen ist zwar ebenfalls koffeinfrei, aber nicht löslich und nicht so feinsinnig; er wird in der Maschine gemacht.

Um Verwirrung und Abenteuer für den deutschen Kaffeetrinker perfekt zu machen: Es gibt regional unterschiedliche Bezeichnungen. So sagt man etwa im Norden nicht *bica*, sondern *cimbalino*.

Schlicht, weil die ersten (italienischen) Kaffeemaschinen, in denen der beliebte Saft gebrüht wurde, eben diesen Namen trugen. Bestellt man etwa in einem Café in Porto einen *garoto,* erntet man vielleicht ein großes Fragezeichen: er heißt hier *pingo.* Wollen Sie einen Milchkaffee, einen *café com leite,* vergessen Sie alles bisher Erlernte – sagen Sie: *meia de leite.*

Die ewige Zweite

Porto, die heimliche Hauptstadt

»Das Schönste an Porto?« Der Broker lacht. »Das ist der Zug nach Lissabon, das jedenfalls behaupten unsere Hauptstädter!« Blanker Neid, winkt der Jungunternehmer ab. Er wirkt lässig, trotz seines noblen Anzugs, der Wappennadel am Revers und der dicksohligen Lederschuhe, eine Maßanfertigung, die sein Stammschuhputzer jeden Morgen auf Hochglanz bringt. »Schauen Sie sich unsere Börse an. Dann wissen Sie warum.« Die Börse von 1844 gilt in Pracht und Dimension als das Sinnbild der nordportugiesischen Hafen- und Handelsstadt. Ein Palast, den die Kaufleute selbst finanziert haben.

Porto, die Stadt am Douro, heißt einfach nur Porto – Hafen. Stolz und selbstbewusst. Die meisten Atlantikhäfen führen sonst irgendeinen Zusatz im Namen. Zum Beispiel Porto Santo – heiliger –, Porto Seguro – sicherer – oder Porto Alegre – fröhlicher Hafen. Um sich zu unterscheiden. Porto dagegen ist nicht vergleichbar. Weder in Portugal, noch sonst wo.

Portugals zweitgrößte Stadt wird oft »die heimliche Hauptstadt« genannt. Im 15. Jahrhundert kamen die Kaufleute dank guter Kontakte zu den Überseekolonien zu Macht und Reichtum, seit dem 17. Jahrhundert machten sie mit dem Portweinhandel gute Geschäfte. Lissabon mag Hauptstadt sein,

Porto ist die Wirtschaftsmetropole. Das Verhältnis zwischen den beiden ist traditionell unterkühlt, zumal die alteingesessenen Patrizierfamilien nicht selten auch in Lissabon den Ton angeben. In allen Winkeln ist zu spüren, dass in Porto stets Kaufleute und Kirchenherren regierten; es riecht förmlich nach Geld und Weihrauch. Feudale Paläste sucht man bei den kühlen Gemütern mit den liberalen Neigungen vergeblich – es gibt nur zwei: den der Kaufleute und den des Bischofs. Selbst der König hinterließ weder Schloss noch Burg. Wenn er in die Bürgerstadt kam, schlug er sein Bett beim geistlichen Oberhirten auf; er kam nicht allzu oft.

Doch Porto ist es schon lange leid, die »ewige Zweite« zu sein. Schließlich gab sie dem Land den Namen und auch dem berühmten Wein. In der Rua da Alfândega Velha wurde Heinrich der Seefahrer geboren, der Portugal für einen historischen Moment zum Regisseur der Weltgeschichte machte. Von Porto gingen Revolutionen und Modernisierungen aus. Doch immer stand die Handelsstadt am Douro im Schatten der Hafenstadt am Tejo. Lissabon glänzte 1994 als Kulturhauptstadt und 1998 mit der EXPO. 2001 erhielt Porto den Titel »Kulturhauptstadt« und trat endlich auf die internationale Bühne.

»Porto war einfach dran«, meint Stararchitekt Álvaro Siza Vieira. Der gebürtige Portuenser, der in Lissabon zahlreiche Projekte realisierte, sorgte in Porto mit dem futuristischen Serralves-Museum für die Kunst der Gegenwart weltweit für Schlagzeilen und gestaltete den traditionsreichen Rathausplatz völlig neu. »Porto 2001 war die Initialzündung für den längst überfälligen Umbau unserer Stadt«, sagt er.

Das historische Zentrum und die Ribeira-Altstadt sind mittelalterlich eng, gemütlich und UNESCO-tauglich, aber verkehrstechnisch unzeitgemäß. Kein Bürgermeister hatte sich vorher an die Aufgabe gewagt, bei der man schnell auf Granit beißen, Projekt und Posten aufs Spiel setzen konnte. Plötzlich sahen die Stadtväter die Gelegenheit, die gesamte Infrastruktur auf einen Schlag zu verbessern. Plötzlich war das nötige Geld vorhanden. »Die Tragik war, dass alles gleichzeitig in Angriff genommen wurde: Straßen, Kanalisation, Beleuchtung und die neue Metro«, meint Vieira. Nach dem Chaos stieg Porto wie Phönix aus der Asche.

Die Fahrt ins Hotel dauert in der Rushhour immer noch doppelt so lange wie sonst. Verkehrsstau auf der Uferstraße ist normal. Neben der stockenden Autokolonne kommt einem der Douro wie der reißende Sambesi kurz vor dem Absturz in den Victoria-See vor. Hitze, Abgase und blanke Nerven. Der Taxifahrer klebt vor Ungeduld fast an der Stoßstange seines Vordermanns. Seine Flüche dürften Mutter Maria im Mark erschüttern.

Endlich, die schwarze Doppelbrücke Ponte D. Luís I. Die fotogene Eisenkonstruktion, die 1886 ein Schüler Gustave Eiffels entwarf, hält die beiden Uferseiten der Portweinmetropole und der Nachbarstadt Vila Nova de Gaia wie mit Spangen zusammen. Oben fahren die Züge, unten die Autos. Zwischen ihr und der Da. Maria Pia, einer weiteren Dourobrücke, ragen die gigantischen Betonpfosten der sechsten im Bunde auf, die sich seit 2001 über den Douro spannt. Eingeklemmt zwischen Felsen und Fluss, zeigt die Hafenstadt dem Ankömmling die kalte Schulter. Wer diesen unwirtlichen Platz an der Douromündung ausgesucht hat, der wollte sich verschanzen. Schwarzer, roher Granit ist der Baustoff, der die stufenweise ansteigenden Häuser bei Nebel in eine geschlossene Festung verwandelt, als hüte sie einen wertvollen Schatz – und es gibt oft Nebel in Porto.

Portos Reiz liegt in der ungeschminkten Natürlichkeit. Selbst im Zentrum wirkt die weltoffene Stadt ländlich. Auf den Straßen stehen Regenschirm-, Blumen- und Losverkäufer, an denen die Elite mit dem Mobiltelefon am Ohr geschäftig vorübereilt. Man findet alte Kontore, Banken, Juweliere und Designerboutiquen, das beliebte Jugendstilcafé »Majestic«, diese unwiderstehlich anachronistischen Spezialitätengeschäfte wie »A Pérola do Bulhão« oder die weltbekannte Buchhandlung »Lello & Irmão« von 1869, die einst Portugals berühmteste Autoren wie Eça de Queirós, Camilo Castelo Branco und Antero de Quental verlegt hat. Die neogotische Innenausstattung mit der knallrot lackierten Schmucktreppe hat sie zur Pilgerstätte von internationalen Leseratten gemacht.

Auch architektonisch herrscht eine gewisse Nüchternheit vor, der es an Glanz jedoch nicht mangelt. Stattliche, manchmal nur zwei Fenster breite, aber fünf Stockwerke hohe Bürgerhäuser und ungezählte Kirchen prägen das Bild der Altstadt. Alle wichtigen Barockbauten, etwa die Igreja de São Francisco und die Igreja de Santa Clara, verdankt sie dem italienischen Baumeister Niccolò

Nasoni, der die Kirchen innen verschwenderisch mit dem Gold aus Brasilien ausstaffierte und die Fassaden mit blau-weißen Fliesen wie mit Tapeten dekorierte. Auch der markante Turm Torre dos Clérigos, Portos Wahrzeichen, der mit seinen sechsundsiebzig Metern einst Seefahrern zur Orientierung diente, stammt von ihm.

Porto mag Wirtschaftsmetropole sein, manchmal wirkt es wie ein Dorf. So eng liegen Moderne und Tradition beieinander. An den Cais da Ribeira, dem mittelalterlichen Handwerkerviertel, zeigt Porto sich von seiner besten Seite. Die Restaurant- und Cafébesitzer wissen das, weshalb sie die Preise gnadenlos in die Höhe treiben. Mühsam klettern die altersschiefen Etagenhäuser über den Granit, von Terrasse zu Terrasse bis zum hohen Kathedralenhügel Penha Ventosa hinauf, der über das bildschöne Ambiente wacht.

Die Igreja de São Francisco ist vielleicht die schönste Kirche in der Altstadt. »Was wollen Sie?«, fragt achselzuckend der Restaurator, der den Goldbelag auf dem kunstvoll geschnitzten Holz von Altären, Heiligen, Engeln, Säulen, Decken und Rundbögen poliert. »Soll ich mich für die Kultur oder für die Wirtschaftsdaten draußen interessieren? Ich arbeite seit sechs Jahren an der Kirche und werde, so Gott will, weitere drei an ihr arbeiten.«

Bildergeschichten für ein ganzes Leben

Die blau-weiße Pracht der »azulejos«

Über Jahrhunderte haben die Portugiesen ihre Paläste, Kirchen und Bürgerhäuser, Bahnhöfe, Cafés, Brunnen und Treppen mit kunstvoll bemalten Fliesen geradezu übersät. Dann aber haben sie die *azulejos* eines Tages nicht mehr für etwas Besonderes gehalten und sich kaum noch darum gekümmert. Auf dem Land konnte der verarmte Adel seine aufwendig dekorierten Schlösser nicht mehr instand halten, und seit viele von ihnen in den Besitz der Kommunen übergegangen sind, hat sich ebenfalls nicht viel getan. In den Städten wurden Häuser abgerissen, und die Kacheln flogen gleich mit auf die Schutthaufen. In Kirchen und öffentlichen Gebäuden überließ man die Fliesen vielerorts dem Zahn der Zeit. Staatliche Gelder und die millionenschweren Investitionen der Europäischen Union flossen in den Straßenbau und in architektonische Prestigeprojekte, das geflieste kulturelle Erbe hingegen blieb oft links liegen. Wenn wir heute mancherorts vor der alten Pracht stehen, könnten uns angesichts der verblichenen Bilder und der zerbröselten Keramik schon mal die Tränen kommen.

Den Touristen an der Algarve werden zwar an jeder Ecke *azulejos* als Souvenirs angeboten, doch ist das in der Regel billige Industrieware mit immergleichen Motiven. Sollte es sich dabei doch einmal um bessere Qualität handeln, dann stecken vereinzelte portugiesische Künstler oder ein Ausländer wie der Ire Patrick Swift dahinter, der die *Azulejo*-Tradition an der Algarve mit bescheidenen Mitteln wiederbelebt hat. Und dennoch: Nirgendwo sonst auf der Welt findet man immer noch eine so fabelhafte Ansammlung von Fliesenkunst wie in Portugal, und inzwischen scheint auch wieder ein Bewusstsein für den kulturellen und künstlerischen Wert der *azulejos* zu entstehen.

Kaum ein Tourist rollt in Porto mit dem Zug ein, doch wäre der Bahnhof der Stadt mit Sicherheit der schönste Ort, um erstmals in Portugal anzukommen. Die Halle der Estação de São Bento könnte perfekt auf das *Azulejo*-Land einstimmen, denn sie ist mit monumentalen Keramikbildern übersät. Ein ganzer Zyklus illustriert die portugiesische Geschichte, und wie es sich für einen Bahnhof gehört, ist das rundumlaufende Fries unterhalb der Decke der Entwicklung des Transportwesens von der Frühzeit bis in die Gegenwart gewidmet. Die Station ist im wahrsten Sinne des Wortes ein Bilderbuch-Bahnhof, und das genaue Studium der aufgeführten Szenerien würde schon den halben Urlaub in Anspruch nehmen. Dazu hat heute kaum jemand mehr die Muße, aber ein wenig genauer als die vorbeihastenden Einheimischen könnte man schon hinschauen.

Nehmen wir den Bahnhof also als passende Einstimmung auf die Fortsetzung der *Azulejo*-Parade im Altstadtviertel Ribeira am Ufer des Douro, wo die Fliesen an Häusern und Geschäften fein herausgeputzt sind. Bravo, so soll es sein. Das hier gezeigte Engagement mag dann auch darüber hinwegtrösten, dass sich der Häuserschmuck in den meisten anderen historischen Vierteln der Hafenstadt in beklagenswertem Zustand befindet. Eigentlich unverständlich, hatte das Verkacheln der Häuser in Porto doch schon immer nicht nur einen dekorativen Zweck. Denn im regnerischen Klima des Nordens dienten die *azulejos,* ob kunstvoll bemalt oder schlicht einfarbig, auch dem Erhalt der Fassaden. Ihnen konnte die Feuchtigkeit kaum etwas anhaben. Ein wenig pflegen aber muss man im Laufe von Jahrhunderten auch dieses robuste Material.

Das hat man getan im Palácio Nacional in Sintra. Hier liegt der Ursprung des portugiesischen *Azulejo*-Fiebers, das sich im 16. Jahrhundert im ganzen Land ausbreitete. König Manuel I. hatte bei einer Reise durch Andalusien die spanisch-maurische Fliesenkunst in der Alhambra von Granada und im Alcázar von Sevilla kennengelernt und ließ in der Folge den Sommerpalast der portugiesischen Monarchen bis in den letzten Winkel hinein verkacheln. Zunächst dominierten noch die arabisch-polychromen *azulejos,* die in dunklen Farbtönen zu geometrischen Mustern zusammengefügt wurden. Die diagonalen Anordnungen verleihen den Räumen eine überraschende Tiefe und Dynamik.

Im Laufe der Jahrhunderte änderte sich der Geschmack. Mit den portugiesischen Eroberungen und Handelsbeziehungen in Asien kam vor allem chinesisches Porzellan in Mode, dessen blau-weiße Eleganz fortan auch auf den Fliesen dominieren sollte und bis heute die typische Erscheinungsform der *azulejos* geprägt hat. Neben maurischer Geometrie und klassischem Blau-Weiß findet man heute im Pálacio Nacional Techniken und Stilrichtungen aus allen Epochen – ein rühmliches Aushängeschild der *Azulejo*-Kultur.

Die umfassendste Galerie traditioneller portugiesischer Fliesenkunst aber findet man im Museu Nacional do Azulejo, untergebracht im ehemaligen Kloster Madre de Deus in Lissabon. Rund eine Million Kacheln lagern in den Beständen, fünfzehntausend davon sind zu sehen. Es ist ein Labyrinth der Raumdekoration und der Fliesenmalerei, in dem wir uns am liebsten tagelang verlieren möchten, um die Geschichten, die hier inszeniert werden, zu entziffern und nachzuvollziehen. Im Mittelpunkt steht ein gigantisches Gemälde von mehr als zwanzig Metern Länge, zusammengesetzt aus tausend einzelnen Fliesen, das ein Panorama der Stadt Lissabon vor dem großen Erdbeben von 1755 zeigt. Detaillierter und monumentaler zugleich findet sich auf der Welt kaum eine historische Stadtansicht.

Eine gleichwertige Konkurrenz besitzt dieses Museum im Lissabonner Untergrund, wo ein grandioses Spektakel zeitgenössischer Fliesenkunst inszeniert ist. Als Ausstellungshallen dienen die Stationen der Untergrundbahn. Wieder, so möchten wir nun schon fast klagen, könnte man sich tagelang beim Studium der Kunstwerke aufhalten. Aber hier würden wir auf Dauer sogar zum Verkehrshindernis, wenn wir zwischen den hin- und herströmenden Massen mit staunendem Blick zu lange vor einem Gemälde verweilten. Einige Rempeleien und ein paar abgefahrene Züge sollte man aber ruhig in Kauf nehmen, um Portugals größte Fliesenschau in der einen oder anderen U-Bahn-Station zu genießen.

Neunzehn Stationen wurden in den fünfziger und sechziger Jahren von der Künstlerin Maria Keil gestaltet, der Ehefrau des U-Bahn-Architekten. Lange Zeit war sie die Einzige, die sich hier engagierte – auch ein Zeichen dafür, wie wenig Ansehen die *Azulejo*-Kunst damals genoss. Doch das hat sich geändert. Viele andere Künstler haben sich inzwischen im Lissabonner Untergrund verewigt, und auch die Vorlagen bereits verstorbener Künstler wie Martins Correia oder Vieira da Silva wurden auf *azulejos* angebracht. Den vorläufigen Höhepunkt dieses Trends bildete anlässlich der EXPO 1998 die Ausgestaltung der Station Oriente durch eine Gruppe internationaler Künstler, an der auch der Österreicher Friedensreich Hundertwasser beteiligt war.

Und so sind wir am Ende unseres Streifzugs durch das portugiesische *Azulejo*-Universum schließlich doch versöhnt. Die Renaissance der blau-weißen Pracht scheint in vollem Gange, es gibt noch wundervoll gekachelte Kirchen und Klöster, Kneipen und Cafés, Bahnhöfe und Bürgerhäuser – Kunstwerke und Bildergeschichten genug, um ein ganzes Leben auszufüllen.

Flüssiges Kapital

Auf der Portweinmeile am Douro

Gott war über alle Maßen großzügig, als er Portugal schuf. Er bedachte das Land nicht nur mit einem ausgezeichneten Klima, sondern auch mit fruchtbaren Böden und mehr als dreihundert einheimischen Rebsorten. Die Menschen dankten es ihm mit der Herstellung eines köstlichen Weines.

Unbekümmert, als wüssten sie nicht, dass sie sich am geheiligten Ort aller Portweinkenner befinden, baumeln vor den Balkonen die Wäschestücke in der leichten Brise, die vom Atlantik in die Douro-Mündung hereinweht. Blumentöpfe mit roten Geranien reihen sich hinter den schmiedeeisernen Balustraden von Portos Altstadt. An vielen der hübschen Fassaden bröckelt die Farbe ab; zu lange wetzt schon das Salz von der nahen See an ihnen seine Klingen. Terrassenartig klettern die altersschiefen Etagenhäuser der Ribeira vom Hafenkai zur über allem herrschenden Kathedrale hinauf.

Wenn man sich mit dem Wagen durch zähe Autokarawanen ins historische Zentrum geschoben hat, gelangt man ins Herz der Portweinzentrale. Das labyrinthische Gassengewirr lädt zum Schlendern ein, und in einem der vielen Straßencafés ist die Hektik der quirligen Wirtschaftsmetropole schnell vergessen. Seit Ende 1996 ist die historische Altstadt Portos in der Liste des UNESCO-Weltkulturerbes zu finden. Das dürfte sie vor dem Verfall gerettet haben. Porto ist schließlich nicht Wein allein, obwohl die meisten Gäste in erster Linie seinetwegen kommen. Niemand gelangt in das Weinland, ohne Porto gesehen zu haben.

Weiter unten am Fluss, wo vor fünfhundert Jahren die schwer beladenen Karavellen der alten Seemacht zur Weltentdeckung ablegten, sind ausgediente Weinschiffe werbewirksam vertäut. Auch wenn sie manchmal in der Mitte des Flusses dümpeln. Sie neigen mehr zur Uferseite von Vila Nova de Gaia. Denn nicht Porto, sondern Vila Nova de Gaia ist die wahre Portweinzentrale.

Die Nachbarstadt ist mit Porto zusammengewachsen und wird von ihr nur durch den Douro getrennt. Diesseits der Flussseite leben die Kaufleute, jenseits lagert das weltberühmte, hochprozentige Kapital der Sandemans, Calems, Grahams, Niepoorts und Co.: Portweine allererster Qualität. Inzwischen haben auch die Händler die Seite zu den Kellereien gewechselt, sodass Porto seinen Ruhm eigentlich an Vila Nova de Gaia abtreten müsste.

Ein Besuch der Portweinmeile ist ein Muss. Umgeben von Spinnweben und modrigem Geruch bewahren die Hersteller Millionen Liter Wein in mannshohen Eichenfässern, sogenannten *pipas*, auf. Jeder Portweinliebhaber wird nervös, wenn er am Schluss des Rundgangs zum Heiligtum gelangt, wo der Vintage hinter verschlossenen Türen reift. Für diesen Port aus einem deklarierten Superjahrgang, der nach zwei Jahren Fassreife mindestens zehn, manchmal bis zu vierzig Jahre in der Flasche reifte, darf man getrost mit wenigstens fünfzig Euro und viel mehr rechnen.

Am Anfang der himmlischen Droge stand eine regelrechte Panscherei. Die Kellermeister auf der Portweinmeile machen aus der Wahrheit keinen Hehl und erzählen die Geschichte gern. Im 16. Jahrhundert hatten sich in Porto Engländer und Schotten angesiedelt, die iberischen Wein fassweise auf ihre Heimatinseln verschifften. »Der Wein schmeckte damals sauer«, sagt im Keller Meister Manuel. »Doch durch die Schaukeltour über den Atlantik wurde er geradezu ungenießbar.« Um ihn seetüchtiger zu machen, kippten die Weinhändler Branntwein dazu. »Reine Panscherei«, meint der Fachmann. Aber auf dem englischen Markt hatte sie durchschlagenden Erfolg. Die Gärung war unterbrochen worden, der Zucker blieb erhalten: das war die Geburtsstunde des Portweins.

Ob gut oder mäßig, darüber entscheidet immer noch die Natur. Östlich von Porto beginnt nach wenigen Kilometern das Rebgartenland. Eine Entfernung, mit der auch unverzeihliche Bausünden, wilde Autofriedhöfe und Schutthalden des Großraums Porto aus dem Blick entschwinden. Das Douro-Gebiet wurde 1756 für den Portwein als weltweit erste Weinregion offiziell abgegrenzt, die Produktion gesetzlich kontrolliert. Deshalb steht auf den Flaschenetiketten das Herkunftszertifikat Denominação de Origem Controlada, D.O.C. abgekürzt.

Wild zerklüftete Gebirgszüge schützen den gut hundert Kilometer langen Landstrich mit seinen terrassenartig angelegten Rebenhängen vor dem rauen Atlantikwind der Küste. Ein Paradies für die typischen Portweintrauben wie Touriga Nacional,

Tinta Roriz, Touriga Franca und Tinta Barroca: Die Sonne sorgt für den hohen Zuckergehalt, Granit und Schiefer konservieren die Wärme im Boden. Trotz der strengen Kontrolle durch das Portweininstitut in Porto sind die Qualitäts- und Geschmacksunterschiede enorm. Grün ist im Norden beinahe alles, die Berg-, Tal- und Flusslandschaft. Wie von allein reifen an den steilen Hängen die weißen und roten Trauben, die den Saft für die großen Ports liefern. Keine Gegend wird stärker mit Portwein in Verbindung gebracht als diese, obwohl am Douro auch andere exzellente Weine produziert werden.

Zeitweise blitzen mitten im Traubenwald weiße oder rosafarbene *quintas* auf, herrschaftliche Weingüter, in denen der Wein die ersten Phasen seines Werdens durchläuft. Dies ist die Heimat der Grundbesitzer und Saisonarbeiter. Wie eh und je kommen Tagelöhner zur Weinlese her, um Arbeit zu suchen. Bereits im April beginnen die Rebstöcke auszutreiben. Im Herbst stehen in den Reihen die Männer und Frauen, die die Trauben mit dem Messer schneiden und in die siebzig Kilo fassenden Körbe auf ihren Rücken werfen.

Portugal hat viele Weinregionen. Doch der historische Alto Douro ist gewiss eine der schönsten. Wegen ihrer zweitausendjährigen Geschichte war die außergewöhnliche Kulturlandschaft im Jahr 2002 die erste Weinregion, die die UNESCO ins Weltkulturerbe aufgenommen hat. Der vierundzwanzigtausendsechshundert Hektar große Weingarten veranschaulicht wie kein anderes Gebiet die Formen der kulturellen Landnutzung und Bewirtschaftung.

Zu den Reben im Norden führen viele Wege. Die einen wählen eine kombinierte Zug- und Schiffstour ab Porto. Die Douro-Tal-Bahn führt durch aufregende Landschaften, und man könnte bis zur spanischen Grenze immer am Fluss entlangfahren. In Pinhão, im Herzen des Reblands, liegen am Fluss jedoch die Motorschiffe, die auf dem windungsreichen Douro verkehren. Sie passieren dramatische Steilufer, romantische Täler und schippern wieder zurück nach Porto. Zu den Geheimnissen des Douro gehören die fünf Schleusen. Eine davon ist die Eclusa do Carrapatelo. Eingeengt zwischen wassertriefenden Betonwänden überwindet das Schiff eine Fallhöhe von fünfunddreißig Metern; sie ist die tiefste Kammerschleuse Europas.

Zur Erkundung des Weinlands eignet sich der Wagen aber am besten. Auf der Rota do Vinho do Porto, der Portwein-Route, haben sich Besitzer von Weinbergen, Kellereien und Landsitzen zusammengetan, um Besuchern die Erkundung zu erleichtern. Sie können bei den Winzern Weine verkosten, Rebgärten besichtigen, bei manchen übernachten und auch an der Weinlese teilnehmen.

Auch die beiden Naturliebhaber aus Düsseldorf, die im Café von Peso da Régua ein Gläschen Landwein trinken, haben das schon gemacht. Tagsüber die Lese, am Nachmittag das traditionelle Stampfen der Trauben. »Du stehst da in den alten Steintrögen bis zu den Knien in Traubensaft und trittst die Trauben platt«, sagt Daniel, Tierarzt und Weinkenner. Er lacht: »Das ist wie Fußreflexzonenmassage und etwas sehr Sinnliches.« Etwa zwölf Leute haken sich Arm in Arm ein und stampfen für zwei bis drei Stunden immer im selben gleichmäßigen Takt. Das Akkordeon spielt dazu. »Die monotone Bewegung, die Gemeinschaft, das Singen und natürlich der Duft, da gerätst du fast in Trance.« Und: Eine schonendere Fermentierung gibt es nicht.

Seine Frau Katharina ist erschöpft, wenn sie aus dem Weinberg kommt. »Das ist Knochenarbeit«, sagt sie. Erschöpft, aber selig. Sie legt sich dann auf die Terrasse der *quinta*, genießt den Rest der Abendsonne und den Blick auf die weiten Rebgärten am Hang gegenüber. Und ein Glas Portwein steht vor ihr auf dem Tisch.

Dorf oder Museum?

Denkmalschutz in den Bergen

Kaum haben wir den schmalen, dicht bevölkerten Küstenstreifen jenseits der alten Universitätsstadt Coimbra hinter uns gelassen, tauchen wir ins portugiesische Hinterland ab, in die Beiras, wie die gebirgigen Provinzen heißen. *Beira* bedeutet »Rand«. Schon der Name verweist auf ihre abgeschiedene Lage und trifft die Verhältnisse genau. Die Leute hier sagen, dass weder Christus noch die Nelkenrevolution noch der Fortschritt den Weg zu ihnen fanden.

Der Wald der Serra da Lousã wird dichter, urwüchsiger, die Straßen kurviger und steiler. Je weiter wir gen Osten steuern, desto gottverlassener, weltabgewandter erscheint uns die Gegend. Immer seltener kommen uns Fahrzeuge entgegen. Wir passieren Berglandschaften aus uraltem Gestein, Flusstäler, die sich zwischen Schiefer und Granit gegraben haben, abenteuerliche Moränengebilde, Eichen- und Kiefernwälder, die noch nicht von Eukalyptus-Monokulturen verdrängt worden sind wie sonst so oft im Land. Wir fahren von Tal zu Tal, und kein Haus, kein Stall zeugt von menschlichem Leben. Geisterhaft liegt eine Siedlung im Grünen. Fenster und Türen sind vernagelt, die Dachziegel eingestürzt, die Mauern verfallen – der Wind hat freie Bahn. Trauerdeponien der Gegenwart. Der Mensch hat der Natur das Feld überlassen, das Hinterland entleert sich.

Hinter einer Serpentine wird von Weitem Piódão sichtbar, eines der schönsten und ältesten Bergdörfer Portugals. Dicht an dicht gedrängt stehen die schwarzen Häuser wie Schafe bei Gewitter. Zu zweistöckigen Mauern sind die dunklen Platten aufgetürmt, die die Bergbewohner vor Generationen aus dem Schiefer der Serra de Açor geschlagen haben. Die Dächer sind spitz, Sprossenfenster und Türen in frischem Weiß oder Kornblumenblau lackiert. Eine in dieser gebirgigen Gegend eigenartig bürgerlich wirkende Architektur. Mit dem Berg Montes Hermínios gehen die Natursteinhäuser eine stille Allianz ein, schmiegen sich an seinen steilen, terrassierten Hang und gruppieren sich harmonisch um den kleinen Marktplatz wie ein Amphitheater. Der Anblick verschlägt einem den Atem.

Der Verfall schien auch Piódãos sicheres Schicksal zu sein. Niemandem wollte es recht gelingen, den Bergfels in eine blühende Landschaft zu verwandeln. Früher lebte man hier von Schaf- und Ziegenzucht. Doch das ernährt schon lange niemanden mehr. Die *serranos*, wie die Bergbewohner heißen, flohen aus dieser widerborstigen Gegend. In den hundertfünfzig Häusern von Piódão wohnten 1991 laut Volkszählung noch hundertsechsundzwanzig Einwohner. Inzwischen hat sich die Zahl halbiert.

Denn kaum waren mit dem wirtschaftlichen Aufschwung Portugals in den achtziger Jahren die ersten Fernsehantennen montiert, drangen Bilder von paradiesischen Zuständen in die Wohnzimmer der Not leidenden Bergbewohner. Kaum waren sie an die mit EU-Hilfe neu gebauten Schnellstraßen angeschlossen, packten die Jungen und Kräftigen ihre

Sachen, schnürten sie auf das Moped und knatterten in Richtung Küste. Das Landleben ist beschwerlich, und die Städte an der Küste versprechen den Jungen Arbeitsplätze, Nachtleben und eine Zentralheizung. Entschließt sich heute ein Junger gegen den Trend in seinem Dorf auszuharren, sind sogleich Journalisten zur Stelle, um den komischen Kauz zu interviewen.

Das ist nun anders geworden. Finanziell unterstützt von der EU, wurde das »Programm zur Erneuerung der Historischen Dörfer« (Programa de Recuperação de Aldeias Históricas de Portugal) entwickelt, eine Gemeinschaftsproduktion des Planungsministeriums, des Ministeriums für Wirtschaft und Tourismus und der beteiligten Gemeinden, um den Dörfern neues Leben einzuhauchen. Zehn der schönsten, aber nahezu entvölkerten Bergdörfer im Umfeld der Serra de Estrela, Portugals höchstem Gebirge, wurden per Gesetz zum nationalen Kulturgut erklärt und unter Denkmalschutz gestellt.

Piódão gehört dazu, Monsanto, Almeida, Castelo Mendo, Castelo Novo, Castelo Rodrigo, Idanha-a-Velha, Linhares da Beira, Marialva und Sortelha. Sie machten den Anfang. Weitere denkmalschutzwürdige Dörfer werden immer noch gefunden und in das Projekt integriert. Neu geschaffene Arbeitsplätze, die verbesserte Infrastruktur und die Förderung des Tourismus sollen sie wirtschaftlich beleben und für junge Leute wieder lebenswert machen. Die Gassen werden stilgetreu wiederhergestellt, Backöfen, Waschplätze und Dreschplätze instand gesetzt. Einen Kühlschrank dürfen die Bewohner anschaffen, aber die auf Staatskosten stilgetreu restaurierten Fassaden und das Hinterwäldlerambiente sind tabu. Ihr Reiz ist es, der großstadtgestresste Urlauber in diese einsame Gegend führen soll.

»Der Staat hat uns betrogen«, sagt die alte Maria unumwunden, aber leise, damit es der Besitzer des Cafés nicht hört, in dem sie ihre geschwollenen Beine ausgestreckt hat. »Von dem Programm profitiert nur, wer am Marktplatz ein Café oder einen Laden hat.« Mehr will sie nicht sagen.

In dem einen Café am prachtvoll erneuerten Marktplatz sind wir die einzigen Gäste, das Café gegenüber ist leer. Nachdem Maria vor weiteren neugierigen Fragen über das Kopfsteinpflaster entflohen ist, kauern nur noch zwei schwarz gekleidete, hagere Frauengestalten auf den unteren Stufen zur in frisches Kalkweiß getauchten Pfarrkirche. Drei Viertel der Bevölkerung in Piódão sind über sechzig Jahre alt, die meisten sind Frauen.

Wir schlendern durch das Dorf, steigen mühsam die steilen, engen Gassen zwischen den hübschen Schieferhäusern nach oben. Schnaufend holt uns ein Mann mittleren Alters ein. Er trägt einen Eimer, randvoll mit Trauben für die Weinproduktion. Wie früher werden die Lasten nur mit den Händen geschleppt. Wie schaffen die alten Menschen das bloß? Einige Handwerker sind damit beschäftigt, ein Haus instand zu setzen. Sonst sind Männer in Piódão kaum zu sehen.

Auf einer Steinstufe sitzen Elvira und Purificação, beide etwa Mitte sechzig, beide Ziegenhirtinnen von Beruf. »Man kann hier nicht leben und nicht sterben«, beklagt sich Purificação bitter. »Der

Staat gibt mir eine Monatsrente von kaum mehr als zweihundert Euro. Davon soll ich essen, mein Rheuma heilen und das Dach reparieren, wenn es von innen kaputt geht; der Staat zahlt nur die Außenreparaturen.« Die mollige Elvira, die beim Lachen ihre große Zahnlücke zeigt, sieht das genauso. Mit ihrer etwas höheren Rente steht sie nicht viel besser da. »Die wichtigen Leute«, sagt sie, »schreiben uns vor, wie unsere Fassade auszusehen hat. Aber wie wir da drinnen leben, interessiert sie nicht. Die Touristen kommen, staunen und fahren wieder weg. Die kennen die Kälte des Winters nicht.«

Das Programm hat alle überrascht. Der Denkmalschutz kam per Gesetz. Keiner in Piódão oder einem der anderen neun Dörfer war nach seiner Meinung gefragt worden. Zunächst sahen alle in der Modernisierung eine Chance auf verbesserte Lebensverhältnisse. Doch heute genügt es, das Wort »Programm« auszusprechen, schon verdüstern sich die Mienen. Hinter ihrer pittoresken Fassade fühlen sich viele zur Stagnation verdammt.

Der Dorflehrer Ricardo hatte in Lissabon gearbeitet, kam aber wegen der Förderung in sein Heimatdorf zurück. »Anfangs hat mir das Projekt gefallen. Aber es hapert mit der Umsetzung.« Er gibt der Bürokratie die Schuld. Seit 1994 hätten die Bewohner von Piódão rund zwanzig Anträge für die Eröffnung von Pensionen und Restaurants eingereicht, so Ricardo, aber davon seien nur wenige abschließend bearbeitet worden. Ricardo will mit seiner Familie dennoch in Piódão bleiben.

Selbst mancher Tourismusstratege ist skeptisch geworden, ob das Ziel, die Entvölkerung des Binnenlands zu bremsen, auf diesem Wege erreicht werden könne. Für Marli Monteiro, Marketingleiterin der regionalen Tourismusbehörde, gibt es keinen Zweifel an der kulturhistorischen Bedeutung der »Aldeias Históricas«. Aber einige Basisdaten des Programms erfüllten sich nur langsam. Sie hofft, dass sich mehr Privatinvestoren mit ihren Aktivitäten am Projekt beteiligen. Noch kommen zu wenige Junge in die Dörfer, die neue Ideen mitbringen. Einige erschließen Wanderwege, entwerfen Trekkingtouren, eröffnen Restaurants, in denen wie früher das typische *chanfana* serviert wird, in Rotwein geschmortes Zicklein.

Piódão trägt die Züge eines lebendigen Museums. Wenn erst die alten Bewohner den Gang alles Irdischen gegangen sind, wird es wohl ein echtes. Auf dem Weg zurück zum Marktplatz zieht Elvira mit ihren Ziegen an uns vorbei – die Fröhlichkeit ist aus ihrem Gesicht gewichen. In der Kirche, die einen neuen Holzfußboden bekam, den im Dorf niemand wollte, häkelt die betagte Wärterin weiße Tischdeckchen, die sie für ein paar Euro an Touristen verkauft. »Wir leben hier wie im Mittelalter. Der neue Holzboden ist nur für die Touristen.« Sie lächelt gottergeben und fügt hinzu »So ist das Leben.«

Neunzigtausend Schafe

… und ein Käse, der den Weg zum Himmel öffnet

Die Serra da Estrela ist Portugals höchstes Gebirge. Sie liegt in der historischen Provinz Beira Alta, nordöstlich von Lissabon. Eine Felsenlandschaft aus Granit mit Gletscherseen, friedlichen Tälern, Wäldern und Wiesen mit wild wachsenden seltenen Gräsern, Kräutern und Blumen. Die Menschen nannten es »Sternengebirge«, weil es mit seinen fast zweitausend Höhenmetern das höchste im Lande ist und es eine direktere Verbindung zum Himmel für sie nicht gab. Ein himmlischer Platz ist es außerdem für Schafe, die Milchlieferanten für einen der weltbesten Rohmilchkäse, den Queijo Serra da Estrela.

António Freire Lobo Vaz Patto ist in dem Gebirge nordöstlich von Lissabon zu Hause, und er besitzt dreihundert Schafe. »Alles weiße und schwarze Bordaleiras und ein paar Churras Mondegueiras, so heißen unsere beiden einheimischen Rassen«, erklärt der Züchter und Käsemacher mit den schelmisch blinzelnden Augen. Als Schäfer hat er selbst nie gearbeitet. Früher war er Chirurg in der Stadt Oliveira do Hospital. Doch heute interessiert ihn nur noch der aromatische Bergkäse, der im Dreieck zwischen Viseu, Guarda und Covilhã seit Jahrhunderten aus handgemolkener roher Schafsmilch hergestellt wird. »Es gab ihn schon bei den Römern, nur hielt er damals den EU-Normen noch nicht stand«, scherzt Patto, der 1981 »Ancose« mitbegründete, den Verband der Schafwirtschaft, um Hygiene und Gesundheit der Herden zu verbessern. Er setzt Qualitätsmaßstäbe, betreibt eine eigene Käserei, die Quinta da Tapada, und führt Verkostungen durch, die die Grundlage für die Vergabe des Zertifikats »Queijo Serra da Estrela« sind.

Die Milch für den besonderen Käse darf nur von einheimischen Schafen stammen. Jeden Sommer treiben dreitausendvierhundertachtzig Hirten ihre Herden, rund neunzigtausend milchliefernde Wollknäuel, in die Berge. Schon seit 1976 genießt die Serra da Estrela Naturparkstatus, eine Fläche von hunderteintausendsechshundert Hektar, auf der auch Gräser und Wildkräuter naturgeschützt sind und die frei von schädlichen Umwelteinflüssen ist. Weder Industrie noch intensive Landwirtschaft sind erlaubt.

Sollen die Schafe Milch für den Queijo Serra da Estrela geben, dürfen sie nur in den achtzehn ausgewiesenen Gebirgsbezirken zwischen dem Fluss Mondego und der Grenze zu Spanien grasen, etwa Celorico da Beira, Mangualde, Seia und Oliveira do Hospital. Und auch nur hier darf der Käse produziert werden. Nur dann erhält er das Zertifikat »Denominação de Origem Protegida«, kurz: DOP, den EU-anerkannten Herkunftsschutz für landwirtschaftliche Erzeugnisse.

Wenn Ende Oktober die Hitze im Gebirge nachlässt und die Schafe in die Täler zurückkehren, beginnen die Käsereien mit der Herstellung. Die beste Qualität entsteht in den Monaten von Januar bis März, wenn der Fettgehalt der Milch am größten ist. Im April endet sie wieder. »Das Besondere bei der Herstellung ist, dass wir zur Gerinnung statt eines Labs ein pflanzliches Enzym aus Distelblüten verwenden«, erklärt Agraringenieur João Madanelo in der hochmodernen Ancose-Käserei »Quinta da Tapada«.

Während die Rohmilch in riesigen Aluminiumtöpfen nur sanft erhitzt wird, fügt Dona Madalena, die Chefin der Käserei, die zerriebenen violetten Blütenblätter der Distelart Cynara cardunculus L. und etwas Meersalz hinzu. »Nach maximal einer Stunde geben wir die Käsemasse zum Pressen erst in ein Tuch, dann in die Form.« Mehrmals wird die weiße Masse kräftig mit den Händen gedrückt, bis keine Molke mehr herausfließt. »Das machen wir statt Bodybuilding«, sagt Madalena, lacht und legt das DOP-Zertifikat auf den Käse.

Wie Schafstall und Käserei unterliegt auch das Endprodukt strengen Qualitätsmaßstäben. In der Käserei von António Patto im nahen Gramaços reifen die Laibe mindestens dreißig Tage im kühlen, feuchten Lager. Damit sie eine schön glatte gelbe Rinde bekommen, werden sie regelmäßig gewendet und gewaschen. »Wir unterscheiden zwei Reifungsgrade«, erklärt Patto und zeigt im Trockenraum die Regale mit dem *amanteigado,* was übersetzt etwa der »Butterweiche« heißt, und die mit dem sechs Monate alten, herzhaft-pikanten *curado,* dem »Gereiften«. »Wenn ich dagegenklopfe und einen dumpfen hohlen Ton höre«, sagt der Käsemacher Patto, »weiß ich, dass der amanteigado fertig ist.«

Der *amanteigado* ist der Charakteristische. Seine typische Form ist zylindrisch, der Durchmesser beträgt fünfzehn bis zwanzig Zentimeter, er ist höchstens sechs Zentimeter hoch und wiegt ein bis 1,7 Kilogramm. Bei den Verkostungen bekommt ein *amanteigado* die besten Noten, wenn er eine bauchig gewölbte Rinde besitzt, die gerade so fest ist, dass sie dem extrem weichen Käseteig Halt gibt, der möglichst keine Löcher hat. Im Idealfall ist seine Rinde glatt und leicht klebrig. Er muss eine hellgelbe Farbe haben, ein dezentes Bouquet und einen Hauch von Bitterkeit im Geschmack.

Portugiesen essen den *amanteigado* zum Aperitif oder als Dessert. Käsemacher Patto zeigt, wie es geht: Mit einem Messer löst er vorsichtig den dünnen Rindendeckel vom Laib und löffelt den hellgelben, butterzarten Käse wie eine Creme heraus. Dazu reicht er Weißbrot und einen guten Dão-Rotwein, der wie der Rohmilchkäse aus dem Gebirge kommt. Am Schluss rät der Fachmann noch, nur ganz gut handhabbare Käsestücke zu nehmen und sie mit der Baumwollgaze umwickelt aufzubewahren. Und: Den echten »Serra da Estrela« erkenne man am Zertifikat. »Wenn nur ›Queijo da Serra‹ draufsteht, ist es wohl ein Bergkäse, aber ganz sicher nicht der einzigartige aus der Serra da Estrela, der den Weg zum Himmel öffnet.«

Ritter und Reben

Ribatejo: Vom »Ochsenblut« zum modernen Weinbau

Ob Reben Burgen lieben? Der Gedanke kann schon mal aufkommen, wenn man in Tomar vor der gigantischen Klosterburg der Tempelritter steht. Wie ein in den Krieg ziehendes Schlachtross sieht die Festung aus, die der Waffenorden 1160 auf dem Berghügel über der Stadt postierte. Deutlicher kann Macht kaum inszeniert werden. Das Sanktuarium betraten die Templer zu Pferd, beteten im Sattel und zogen wieder aus, um das Land mit dem Schwert von den »ungläubigen« Mauren zu befreien. Viel Feind, viel Ehr.

Der Convento de Cristo, der im Norden der Weinregion Ribatejo liegt, zieht heute Besucher in Scharen an, und die UNESCO hat ihn als eines der bedeutendsten Denkmäler der Welt geadelt. Zu dem Komplex gehören die Burg, zwei Kirchen, ein Kloster, sieben Kreuzgänge, ein Palast, ein sechs Kilometer langes Aquädukt und neununddreißig Hektar Wald. Ein Klosterlabyrinth, in dem sich fast jeder erst verirrt, bevor er endlich vor dem berühmten Fenster des Kapitelsaals steht. Überüppig ist es mit Symbolen aus der Seefahrerepoche dekoriert, ein Meisterwerk der Manuelinik.

Doch Fernão Pires, Trincadeira das Pratas, Castelão, Preto Martinho und all den anderen typischen Rebsorten der Weinregion, die seit Generationen im Schwemmland des Tejo wachsen, dürfte es der

Ehre manchmal zu viel gewesen sein. So viel steinerne Abwehr wie in Tomar hat mächtigen Heeren gegolten, die über Felder und Rebland marschierten. Sie werden den friedlich dahingleitenden Tejo, die fruchtbaren Böden und das sonnige Klima mit ausreichenden Niederschlägen mehr geliebt haben als historische Wehrfesten, zumal es von dieser Sorte am ganzen Fluss entlang etliche gibt.

Der Tejo, der aus Spanien kommend bei Lissabon in den Atlantik mündet, bildete die strategische Linie, an der im Mittelalter die Grenze zwischen Christentum und Islam verlief. Das Aufgebot an Kastellen deutet auf einen unruhige Landstrich hin. Seit den Anfängen Portugals im 12. Jahrhundert fanden in der Weinregion vor den Toren der Hauptstadt zahllose Schlachten statt, bei denen auch unter den Reben herbe Verluste gezählt wurden.

Epochen kommen und gehen, der Wein bleibt. Schon die Römer stellten in den Ebenen des Tejo Rebsaft her. In der Stadt an der »großen Rübe«, zu Portugiesisch Nabão, wie der Fluss durch Tomar heißt, geht es dagegen weniger aufregend zu als in der Burg. An der Praça da República, die von einem hübschen Ensemble aus Palast, Kirche und Bürgerhäusern gesäumt ist, umlagern Taubenscharen das Denkmal des Burggründers. In der Fußgängerzone sind die Straßencafés gut besetzt, in denen die Tomarenes zur *bica*, dem portugiesischen Espresso, wahlweise *fatias de tomar* oder *beja-me-depressa* (Küss mich schnell), süße Köstlichkeiten nach Klosterrezepten, genießen.

Südlich von Tomar liegt die Quinta Casal das Freiras, ein altmodisches Weingut, das traditionsgemäß Wein und Olivenöl produziert und gut ins historische Umfeld passt. »Unser Rebland gehörte früher den Templern«, weiß José Valente de Castro Vidal von seinem Vater. Im Weinkeller bewahrt er ausgediente Öl- und Weinpressen als Museumsstücke auf, andere sind weiter in Betrieb. Vidal ist Winzer nach altem Schrot und Korn. »Ich verschließe mich der Modernisierung nicht, aber etwas Tradition muss sein«, spricht er lächelnd aus, was im Ribatejo viele Winzer denken, denen das Kapital für Investitionen fehlt. Wie überall wuchsen damals auch auf Vidals Berg ausschließlich weiße Reben wie Fernão Pires und Malvasia. »Malvasia hat Heinrich der Seefahrer aus Kreta eingeführt«, erklärt er die weitreichende Bedeutung der nahen Burg, in der Heinrich als Großmeister der Christusritter für Portugal die Entdeckungen in Übersee betrieb.

Im Schutz der Bergkette Serras de Aire e Candeeiros, bei Torres Novas, leistet sich auch die hochmoderne Quinta S. João Baptista, die größte Weinproduzentin im Ribatejo, eine historische Spielart. »Wir machen jedes Jahr einen ›pisa a pé‹, der schonend mit den Füßen gepresst wird«, sagt der Önologe Luís Alberto Marques Pereira im Weinkeller bei den Stein-lagares, Granittrögen. »Wir nehmen dafür nur die besten Trauben.« Das ist nicht bloß Nostalgie, vielmehr entsteht so ein hochpreisiger Spitzenwein, nur siebentausend Flaschen, die rasanten Absatz finden.

Im Ribatejo ist die Landschaft ganz vom Tejo geprägt, diesem wichtigsten portugiesischen Fluss, der das Land gut hundert Kilometer durchfließt. Die

Schiffbarkeit und die Nähe Lissabons machten die Weinherstellung hier schon früh wirtschaftlich interessant. Auch Abrantes entwickelte sich dadurch zur stattlichen Hafenstadt. Die steilen Gassen, die zum Burghügel führen, machen es bei der Hitze schwer, die Stadt auf Anhieb zu lieben. Doch die blumengeschmückten Stadtvillen mit den schmiedeeisernen Balkonen versöhnen schnell. Weil die Burg nur noch Ruine ohne stolze Mauern ist, beschert sie nach allen Seiten hin herrliche Panoramablicke auf die verwinkelte Altstadt und ins Tejo-Tal.

Weiter flussaufwärts liegt Constância. Noch so ein bezaubernder Ort, dessen kalkweiße Häuser mit Farbrändern und Blumen geschmückt sind. Zusammen mit Tancos und Arripiado bildet er das Dreieck der schönsten Ribatejo-Dörfer. Auf einer schattigen Parkbank kann man den Zusammenfluss von Tejo und Zêzere beobachten und auf einem Denkmal daneben lesen, dass Luís de Camões, Portugals Shakespeare, zwei Jahre hier gelebt und womöglich gedichtet hat. Bei Tancos taucht hinter einem Hügel die zweite imposante Templerburg auf: Almourol, auf einem Felsen mitten im Wasser. Noch so eine Drohgebärde aus Stein, zumal an einer strategischen Schlüssellage. Tancos ist auch der Ableger für Bootstouren zum Kastell.

Je südlicher man kommt, desto breiter wird das Becken des Tejo. Immer großflächiger werden die Weiden, immer häufiger grasen Stiere und Pferde. Stierkämpfe haben im Ribatejo eine tief verwurzelte Tradition, und mit ihnen die Reiterei. Eigens für den Kampf zu Pferd, der für die portugiesische *tourada* typisch ist, ließ die Krone die wendigen

Lusitanos und Alter Real züchten. Kaum ein Ort, der keine Arena hätte.

An allen Mauern kleben Plakate, die *touradas* in großen Lettern ankündigen. Die der besten Kämpfe tapezieren die Kneipen, auch manche Trophäe ist platziert. Schließlich stand der Wirt oft selbst in der Arena, als *forcado* (Stiertreiber) oder gar als *cavaleiro* zu Pferd. Die einfachen *tabernas* sind die letzten Horte des roten *vinho carrascão,* der in der Fünfliterflasche oder direkt aus dem Fass verkauft wird. »Den trinkt man nicht, den kaut man«, schmunzelt ein Einheimischer. Zu dem Wein müsse man unbedingt eine *sopa de pedra,* »Steinsuppe«, essen, die hier auf jeder Speisekarte steht. Die deftige Suppe, die aus Schweinsohren, Speck, Blutwurst, Paprikawurst, Bohnen und Kartoffeln gemacht wird, muss man irgendwann einfach probieren. Und wie ein Stein liegt sie später im Magen.

Auch auf der Quinta da Lagoalva de Cima gab es früher *carrascão,* der »Ochsenblut« genannt wurde. »Heute zählt Qualität«, betont Manuel Holstein Campilho, und die orientiert sich bei ihm an australischen Maßstäben, sowohl im Weinberg als auch im Keller. Sein Weingut zählt zu jenen im Ribatejo, die in den letzten Jahren ein beachtliches Niveau erreicht haben und überwiegend Rotweine produzieren. Das Rebspektrum reicht von einheimischen Touriga Nacional, Touriga Franca, Aragonez, Tinta Roriz und Alfrocheiro bis zu Cabernet Sauvignon, Alicante Bouchet, Syrah und Tannat. »Das sind alles ziemlich markante Persönlichkeiten«, lobt der Vollblutwinzer. Wie die meisten Ribatejanos ist Campilho ein Pferdenarr. Pferde stehen nicht nur auf seinen Weiden, sie erscheinen auch auf seinen Flaschenetiketten. »Weil unsere Lusitanos so edel wie unsere Weine sind«, lacht er.

Die großen Entdeckungen im Ribatejo sind die neuen Spitzenweine, die ehrgeizige Wein- und Landgüter seit einiger Zeit produzieren. Eines der mustergültigen Weingüter ist die Quinta da Alorna, auf dessen riesigen Ländereien rund um das Herrenhaus seit 1760 Wein angebaut wird. Von der traditionellen Produktion hat sich Nuno Cancela de Abreu, Geschäftsführer und Önologe, längst verabschiedet. »Ich suche elegante, körperreiche Weine mit sauberen Aromen«, sagt er. Dafür investiert er viel. Wegen der enormen Sommerhitze schaffte er ein aufwändiges Kühlsystem an, das die Trauben von der Lieferung an kühlt. Kurz vor der Abfüllung klärt er die Weine mit Eiweiß, ein Verfahren aus der Klosterkellerei – kostspielig, aber bewährt.

Auch die Casa Cadaval liegt am linken Tejo-Ufer. Vierhundert Jahre Weinproduktion vergingen ohne nennenswerte Aufregungen. Das änderte sich vor zehn Jahren, als Gräfin Teresa von Schönborn-Wiesentheid das stattliche Anwesen mit Weingut, Vieh- und Pferdezucht übernahm. »Ich will Spitzenweine produzieren, die auch auf dem internationalen Markt bestehen«, sagt die dynamische Frau. Konsequente Maßnahmen folgten. Die Anbaufläche wurde drastisch reduziert und eine strenge Auswahl getroffen. Nach einem Blitzstart spielen die eleganten Cadaval-Weine in der portugiesischen Spitzenliga und sind zur Pioniermarke für rebsortenreine Weine aus dem Ribatejo geworden.

Endlich wieder eine Burg: Santarém. Nach so vielen Rebgärten, Weiden, Reis-, Melonen- und Tomatenfeldern tut es gut, über die Tejo-Brücke auf die Hauptstadt des Ribatejo zuzufahren. Im Park hinter den gestutzten Wehrmauern, der in der Mittagshitze ein kühles Paradies ist, erinnert eine Statue von Afonso Henriques an Portugals ersten König. Die Mauren hatten es ihm 1147 verdammt schwer gemacht, Santarém zu erobern. Aus lauter Freude über den Sieg wurden zig Kirchen und Klöster gebaut, weshalb die Stadt heute als »Zentrum der Gotik« von sich reden macht. Moscheen gibt es freilich keine mehr, aber ein Mauren- und ein Judenviertel. Etwas Fantasie braucht man allerdings, um sich die Ruine auf dem Burghügel noch in ihrer einstigen wehrhaften Gestalt vorzustellen. Geblieben ist der sagenhaft weite Blick über die Tejo-Ebenen.

Kronzeugen der Schöpfung

Geopark Naturtejo: die Bibliothek in der Erdkruste

Am Anfang ist der Blick. »Schau dich um, was siehst du?« Carlos Neto de Carvalho wartet gebannt. Auf den Zinnen der Burg von Monsanto bietet sich ein Dreihundertsechszig-Grad-Panorama: überwiegend flache Ebenen, in der Ferne eine Bergkette, vereinzelt ein Dorf, aber keine Äcker. Unterhalb des Gipfels, auf dem die Burgruine einst entstand, türmen sich gigantische Granitfelsen, kugelrunde Tonnengewichte. Die Menschen in dem Sechzig-Seelen-Dorf nutzten sie beim Hausbau und als Böden, Wände, sogar Dächer. Für diese Rock-Art erhielt Monsanto den Titel »Schönstes Dorf Portugals«.

»Sieh genau hin. Du musst das Warum verstehen!« Carlos ist Geologe aus Lissabon, redet Oxford-Englisch und er ist unerbittlich. »Dir liegt die Erdgeschichte von Millionen Jahren zu Füßen. Da gibt es keine Zufälle.« Seine Augen leuchten. Er ist nicht nur Wissenschaftler, sondern auch Pädagoge mit Feuereifer. Der Berg Monsanto ist mit siebenhundertfünfzig Metern der höchste Punkt der Gegend. Gut zu verteidigen. Wasser gab es, sonst hätte niemand hier gesiedelt. Doch für mehr als Schweine und Ziegen reichte der Boden nicht. »Ein hartes Leben, steinhart.« Carlos klopft gegen einen der Granitriesen aus Quarz, Feldspat und Glimmer, vor dreihundert Millionen Jahren geschmolzen, geschoben, gepresst und in Größe erstarrt.

Monsanto ist eine der Hauptattraktionen des Naturtejo da Meseta Meridional, des ersten Geoparks in Portugal, der seit 2006 Mitglied im Global Network der UNESCO ist. Mit einer Fläche von viertausendsechshundertfünfundzwanzig Quadratkilometern bedeckt er gut ein Fünftel des kleinen Atlantiklandes. Im Norden grenzt er an die Serra de Estrela, das höchste Gebirge Portugals, im Süden an den Tejo, im Osten an die Grenze zu Spanien.

Wie alle UNESCO-Geoparks will auch dieser das geologische, landschaftliche und kulturelle Erbe der Region bewahren und das Wissen über Erde und Natur weitergeben. Außer dem Monsanto gehören auch die römischen Goldminen Conhal do Arneiro dazu, das Dorf Idanha-a-Velha mit keltisch-römisch-arabischer Vergangenheit, die erstaunlichen Fossilienfunde von Penha Garcia und seltene Vögel wie der schwarze Storch. Carlos, einer der Initiatoren, macht auch Führungen.

Er startet den Jeep. Wenige Minuten später parkt er beim nächsten Schauplatz in Penha Garcia. Am Ortseingang mustert neugierig ein Grüppchen schwarz gekleideter Männer die Ankömmlinge. Die Frauen am Brunnen grüßen freundlich. Vor dem Geopark war ihr Bergdorf fast vergessen. Jetzt kommen Leute, die sich für Fossilien interessieren, genauer gesagt: für versteinerte Fraßgänge von Trilobiten genannten Gliederfüßern. Diese bereits kompliziert gebauten, mit Panzer, einer Art Skelett und Organen ausgestatteten Tiere bewohnten im Erdzeitalter des Paläozoikums den Grund des

Urmeeres. In Penha Garcia haben sie Lebensspuren hinterlassen, die die Fachwelt als besonders gut erhalten einstuft.

Das blank gewetzte Kopfsteinpflaster blitzt in der Sonne. Vor den kalkweißen Häusern stehen Geranientöpfe in Reih und Glied. Am Wegweiser zur Fossilienroute sitzt eine Frau, die Stockfisch zerteilt. Sie begrüßt die Fremden munter, erzählt von ihren sieben Kindern und gibt sogar ihr Rezept preis: Kabeljau mit Orange. Die Gassen schlängeln sich steil aufwärts. Hinter der Kirche trabt Carlos schnurstracks auf die Brüstung der Aussichtsplattform zu. »Was siehst du?«, fragt er wieder. Den Stausee, alte Wassermühlen, einen Berg mit Faltenstruktur, lamellenähnlich wie Schiefer oder vielleicht Buchrücken. »Ein Buch, genau!« Carlos ist begeistert. Das wollte er hören. Ein Buch der Zeit mit Buchrücken, die mal fingerdick sind, mal bis zu vierhundert Meter messen. Und auf jeder Seite steht eine Erinnerung der Erde.

»Es ist Quarzit, gepresster Sandstein.« Der Spurenspezialist beugt sich über seine Lupe. »Das ist der Boden des Urmeeres, fernste erdgeschichtliche Vergangenheit!« Aus seinem Rucksack zieht er eine geologische Karte und fährt mit dem Zeigefinger dort entlang, wo einst eine interkontinentale Kollision den Meeresgrund zu einer Kordillere zusammenschob, die sich von Valongo in Portugal bis zur spanischen Stadt Toledo erstreckt. Bei Penha Garcia wurde das Gestein durch enormen seitlichen Druck zu Platten gefaltet und gebrochen. Um beim Bild der Bücher zu bleiben: zu einer ganzen Bibliothek.

Ein gebeugtes Mütterchen nähert sich. »Geht ihr zu den Schlangen?«, will sie wissen. Die wurmähnlichen Versteinerungen in den Felsen kennt sie seit ihrer Kindheit. Jetzt freut sie sich, dass deretwegen immer mehr Menschen in ihr Dorf kommen. Schon in den achtziger und neunziger Jahren waren die Fossilien von bekannten Geologen wie dem Engländer Roland Goldring und dem Tübinger Adolf Seilacher untersucht worden. Die Geologen identifizierten die Funde als Grabspuren von Trilobiten, sogenannten Ichnofossilien aus der Ära des Ordoviziums, in dem es eine Fülle von marinen Arten gab, etwa Korallen, Schwämme, Seeskorpione, Ammoniten und eben Trilobiten.

Trilobiten und ihre Überreste gelten als die wichtigsten Fossilien der Paläontologie, sozusagen als Kronzeugen der Schöpfung. Die Gliederfüßer tauchten vor mehr als einer halben Milliarde Jahren bei der Kambrischen Explosion auf, die Wissenschaftler als die Geburtsstunde aller Tierstämme bezeichnen. Etwa zweihundertfünfzig Millionen Jahre später kam es zu einem großen Artensterben, bei dem auch die Trilobiten verschwanden. Für Evolutionsforscher gelten sie wegen ihrer Vielfalt und Häufigkeit als damalige Herrscher des Meeresbodens. Land gab es noch nicht.

Hinter der Kirche beginnt der Fossilienpfad. Er führt zu den zehn ausgewiesenen Fundstellen an den Berghängen. Auf die Felsen gemalte Pfeile weisen die Blickrichtung, damit der Betrachter die Schlangengebilde leichter findet. Wer kann sich schon den Moment vorstellen, in dem vor Jahrmillionen die Bewegung von Krebsen bei der

Nahrungsaufnahme versteinert wurde? Ohne etwas Bildhaftes ist der Ablauf der Naturgeschichte kaum nachvollziehbar.

Auf der Suche nach Nahrung durchschaufelten die Gliederfüßer unermüdlich mit ihren vielen koordiniert arbeitenden Beinen die Sedimente; sie waren sozusagen die Maulwürfe des Ordoviziums. Sie gruben sich bis zu sieben Zentimeter tief unter die Erdoberfläche und hinterließen so regelrechte Tunnel. »Diese Erkenntnis dokumentiert Penha Garcia«, sagt Carlos. Die Abdrücke der im Quarzit festgehaltenen Bewegung kamen erst im Verlauf der Erosion durch den Abbruch der vertikalen Gesteinsformation zum Vorschein. Die sichtbaren Schlangen sind das Spiegelbild. Plötzlich klettert Carlos auf einen der Steilhänge. »Hier haben mehrere Trilobiten gemeinsam gegessen«, scherzt der Geologe und zeigt oben eine ganze Ansammlung von dicken Wülsten. Ganz gesichert sei seine Deutung freilich noch nicht.

Die Erde ist gut 4,6 Milliarden Jahre alt, die ersten Lebensformen haben vermutlich vor 3,6 Milliarden Jahren ihre Spuren hinterlassen. Der Naturtejo erzählt von Zeiten, die etwa fünfhundert Millionen Jahre zurückliegen. Und wer erst die Evolution in Aktion gesehen hat, will mehr über die Tiere wissen.

Hundert Kilometer weiter westlich, nahe der Küste, öffnet sich schon das nächste Kapitel im Buch der Naturgeschichte. Am nördlichen Rand der Kordillere, bei Arouca, erzeugte die geologische Faltung eine Wölbung des Gesteins. In seinem Steinbruch entdeckte der Steinmetz Manuel Valério vor einigen Jahren im Schiefer zahlreiche Fossilien: Es waren die Panzer der Trilobiten.

Sofort ließ er die Arbeit stoppen und schickte Proben zur Untersuchung ein. »Die Fossilien zeigen nicht nur eine ungewöhnliche Vielfalt, sondern auch eine bisher unbekannte Größe«, stuft Artur Sá, Paläontologe an der Universität Vila Real, die Funde ein. Im Laufe ihres Lebens warfen die Trilobiten mehrmals ihre Panzer ab, die der Schiefer vor dem Zerfall bewahrte. Anhand der gut erhaltenen Relikte wurde ein Trilobit überlebensgroß rekonstruiert. Das Tierchen hatte einen gerippten Thorax mit Augen, Schwanz, viele Beine und ein sogenanntes Exoskelett. Unter dieser Segmentstruktur befanden sich die Organe.

Der Steinbruch entpuppte sich als wahre Fossilienlagerstätte. Trilobiten werden weltweit gefunden, die meisten sind aber nur zwanzig Zentimeter groß. Die Trilobiten von Canelas sind dagegen wahre Giganten. »Einer misst siebenundvierzig Zentimeter«, sagt Sá, der ihn der seltenen Spezies Hungioides Bohemicu zuordnet. »Es ist der größte, der jemals gefunden wurde.« Zudem ist es selten, Gliederfüßer in Gruppen zu sehen – in Canelas gibt es davon gleich mehrere. »Sie könnten in Familien gelebt haben«, deutet der Forscher. »Es könnte auch eine Angriffs- oder Verteidigungshaltung sein«, vermutet er.

Seit den Trilobitenfunden ist im Steinbruch nichts mehr wie früher. Manuel Valério, der auch die Schmuckfirma Cartier mit Schieferplatten beliefert, studiert inzwischen Geologie, hat auf seinem Gelände ein Fossilienmuseum eröffnet und einen erdgeschichtlichen Rundgang angelegt. Pläne für die Schaffung des zweiten Geoparks liegen schon vor. Dann ließe sich das Buch von der Erdgeschichte im Herzen Portugals fast bis zum Ende lesen.

Durchs iberische Jenseits

Am menschenscheuen Grenzfluss Guadiana

Nach Mesquita? Die *senhora* lacht: »Da müsste Ihr Auto schon schwimmen können.« Die Brücke über den Río Guadiana von Pomarão nach Mesquita, in der Landkarte noch deutlich eingezeichnet, existiert schon lange nicht mehr, nur ein abgebrochener rostiger Metallrahmen ragt von der holprigen Dorfstraße aus in den Fluss hinein. Auch sonst bietet dieser Ort am äußersten Rande Portugals ein Bild des Jammers. Viele Häuser sind verfallen, und die Spuren der letzten Überschwemmung wurden am Flussufer bloß notdürftig beseitigt. Die alte Dame aus Pomarão nimmt dennoch mit Humor, worüber sich die meisten Menschen im Grenzgebiet zwischen Spanien und Portugal mächtig ärgern: Der Río Guadiana, der drittgrößte Fluss der Iberischen Halbinsel, stellt ein lästiges Hindernis zwischen den beiden Ländern dar, denn es gibt kaum eine Möglichkeit, ihn zu überqueren.

Selbst die Autobahnbrücke zwischen Ayamonte und Castro Marim, die die Algarve mit der spanischen Costa de la Luz verbindet, wurde erst nach jahrzehntelangem Hin und Her eingeweiht. Vorher konnte der Mündungsbereich des Guadiana nur mit der Fähre überquert werden, und zur Hochsaison mussten Einheimische und Touristen an beiden Ufern stundenlange Wartezeiten in Kauf nehmen. Die Brücke war zweifellos eine überfällige

Notwendigkeit, ihre imposante Architektur lenkt inzwischen aber von den Problemen und Unzulänglichkeiten im Hinterland ab.

Abgesehen von diesem Prestigebau, der hauptsächlich vom Fernverkehr genutzt wird, deutet nämlich wenig darauf hin, dass die Grenze im äußersten Südwesten Europas leichter passierbar wird. Auch die Fähre, die den lokalen Grenzverkehr zwischen Vila Real de Santo Antonio und Ayamonte betreibt und auf der Spanier und Portugiesen wechselseitig in die Nachbarstadt kommen, um das eine oder andere billiger einzukaufen als im eigenen Land, widerspricht dem Bild vom modernen, zusammenwachsenden Europa: Sie ist alt, langsam und macht einen Höllenlärm. Es scheint, als hätten die Portugiesen sie vor vierzig Jahren nach Angola verfrachtet und nach Einweihung der Brücke, als die großen Fähren überflüssig wurden, von dort zurückgekauft.

Weiter im Landesinneren sind Portugal und Spanien, obwohl seit Jahrzehnten Partner in der Europäischen Union, immer noch getrennt wie keine zwei anderen Länder in der Gemeinschaft. Der Grenzfluss Guadiana ist nicht nur eine schwer überwindliche Barriere, auch intern haben sich die beiden Länder von ihm abgewandt. Seine Ufer sind fast nirgends erschlossen, es gibt weder Straße noch Eisenbahnlinie, die am Fluss entlangführt. Pasos Fronterizos, eine Bürgerinitiative, fordert seit vielen Jahren vergeblich zwei Brücken am Unterlauf des Guadiana, die den Grenzverkehr erleichtern und der Region zwischen Algarve und Andalusien, zwischen Alentejo und Extremadura wenigstens einen geringen wirtschaftlichen Aufschwung bringen könnten. »Jeder Euroschein«, so heißt es in den Verlautbarungen der Gruppe, »zeigt eine Brücke als Symbol der europäischen Einheit, doch hier bei uns brauchen wir nicht symbolische, sondern wirkliche Brücken.«

Investitionen freilich fließen, wie in Portugal üblich, nur selten ins Hinterland, sondern an die Küsten. Ein kurzer Abschnitt am Unterlauf des Río Guadiana zwischen Foz de Odeleite und Alcoutim ist immerhin durch eine schmale Landstraße erschlossen. Man erreicht den Fluss durch die kargen Berge der Algarve, die bereits in starkem Kontrast zur entwickelten Küstenregion stehen: eine Sierra ohne Konturen, nutzloses oder durch die Jahrhunderte nutzlos gemachtes Hügelland, jetzt mit Geldern der Europäischen Union teilweise wieder aufgeforstet.

Eukalyptus, Olivenbäume, Korkeichen und Mandelbäume stehen ansonsten nur vereinzelt im Meer der Zistrosen, die im Frühjahr einen weißen Blütenteppich über das Land ausbreiten, den Rest des Jahres aber wie vertrocknetes Buschwerk aussehen. Durch diese Landschaft fließt der Guadiana, den man hier am portugiesischen Ufer einmal für wenige Kilometer begleiten kann. Sogar ein paar Touristen finden den Weg ins Hinterland – auf der Suche nach etwas Abwechslung vom üblichen Urlaubstrubel. Aber zu finden ist nichts außer einigen Dörfern, die kaum als pittoresk durchgehen und in denen das Leben so träge läuft wie der Fluss. Ein sehnsüchtiger Blick geht hinüber nach Spanien, aber was soll man eigentlich dort drüben? Das jenseitige Ufer verspricht noch weniger als das, auf dem man sich jetzt befindet; es bewegt sich nichts, nur hier und da steht ein Haus oder ein verfallenes Gehöft, zu dem, wenn überhaupt, ein schmaler Feldweg führt.

Vielleicht hofft der eine oder andere dann doch auf die Fährverbindung zwischen dem portugiesischen Alcoutim und dem spanischen Sanlúcar de Guadiana. Einen Anleger und einen Aushang für den »Barqueiro Alcoutim-Sanlúcar« gibt es tatsächlich, angeblich soll die Fähre morgens und nachmittags jeweils für vier Stunden verkehren. Aber das gilt wohl nicht immer, denn jetzt ist weit und breit niemand zu sehen – kein Fährmann, keine potenziellen Fahrgäste und nicht einmal ein Boot, das wie eine Fähre aussieht. Sogar das Café vor der Kirche, wo man vielleicht fragen könnte, hat geschlossen. Spanien bleibt unerreichbar. Man kann sich allenfalls damit trösten, dass nicht mehr geschossen wird; die mächtigen Festungen auf beiden Seiten des Flusses erinnern nämlich daran, wie lange und wie hartnäckig sich Spanien und Portugal an dieser Stelle in erbitterter Feindschaft gegenüberstanden.

Noch weitaus größere Festungsanlagen stehen weiter nördlich, zwischen Mourão und Elvas, wo der Guadiana noch einmal zum Grenzfluss zwischen den beiden Nationen wird. Bereits unter Julius Caesar hatten die Römer beim heutigen Juromenha eine Wehrburg errichtet, dort, wo der Fluss seinen Lauf von Ost nach West aufgibt und sich endgültig Richtung Süden wendet. Später war das Castelo de Juromenha immer wieder Schauplatz von Schlachten und Kriegen, zunächst zwischen Christen und Mauren, dann zwischen Spaniern und Portugiesen. 1659, während des Krieges, in dem sich Portugal von der fast ein Jahrhundert währenden spanischen Herrschaft befreite, wurde die mächtige Festung durch eine Explosion des Pulverturms zerstört. Seither thronen die Ruinen beinahe unverändert über dem markanten Knie des Río Guadiana.

Von oben hat man nicht nur einen Bilderbuchblick auf den Fluss, es fällt auch leicht, sich in die Epoche der Feindschaft zwischen Spanien und Portugal zurückzuversetzen. Fast nichts erinnert hier an moderne Zeiten. Der Fluss fließt gemächlich um die Kurve, seine Ufer sind ausgefranst und naturbelassen. So weit das Auge reicht, erstreckt sich der Großgrundbesitz von Extremadura und Alentejo. Schweine und Schafe, Pferde, Kühe und Stiere sind dort weitaus häufiger anzutreffen als Menschen. Millionen von Korkeichen wachsen zu beiden Seiten der Grenze und an den Ufern des Guadiana: In Spaniens Sierra stehen dichte Wälder, durch die jene Schweine streifen, aus denen der begehrte iberische Schinken hergestellt wird. In Portugal sind die Bäume in größeren Abständen auf den Getreidefeldern des Alentejo verstreut und verleihen dadurch der Landschaft ihren geometrisch strukturierten Charakter.

Nur wenige Kilometer von Juromenha entfernt befinden sich die Ruinen einer Brücke, die ebenfalls von den spanisch-portugiesischen Spannungen und Irritationen zeugt. Die Ponte da Ajuda wurde 1509 erbaut, 1709 im Spanischen Erbfolgekrieg zerstört und steht seither wie ein Symbol für den trennenden Charakter des Guadiana und die spröden Beziehungen der beiden Staaten. Von den Ufern aus ragen einige Pfeiler und Bögen in den Fluss hinein, doch zusammen können sie seit Jahrhunderten nicht kommen.

Zwar vereinbarten die Regierungen in Madrid und Lissabon 1990 als versöhnliche Geste einen Wiederaufbau der historischen Brücke, vier Jahre später jedoch zogen die Portugiesen ihre Zusage zurück. Der gemeinschaftliche Bau eines internationalen Übergangs hätte die Zustimmung zu einem Grenzverlauf impliziert, den Portugal bis heute nicht förmlich anerkannt hat. Die Region östlich des Guadiana um die Stadt Olivenza war nämlich bis 1801 portugiesisch, fiel dann in den Wirren der Napoleonischen Kriege an Spanien und wurde vom Wiener Kongress wieder Portugal zugesprochen. Die Rückgabe ist jedoch nie erfolgt, auch weil die Portugiesen kein wirklich ernsthaftes Interesse an dieser völlig entlegenen und verarmten Region zeigten.

Offiziell aber mag man auch im Rahmen der europäischen Einigung nicht auf solche territorialen Ansprüche verzichten. Das Thema wird zwischen den Regierungen zwar in der Regel gemieden, doch hin und wieder gibt es diplomatische Verlautbarungen und politische Entscheidungen, die den portugiesischen Anspruch festigen sollen. Zum Beispiel finanzierte und baute Portugal allein eine moderne Brücke hinüber aufs spanische Ufer, um zu demonstrieren, dass es sich zu beiden Seiten des Guadiana eigentlich um rein portugiesisches

Territorium handelt. Daraufhin sah sich Spanien seinerseits gedrängt, die historische Puente de Ayuda auf eigene Kosten zu rekonstruieren, um seine Ansprüche zu untermauern. Es sind europäische Plänkeleien in einer Region, um die sich früher kaum jemand kümmern mochte und die auch heute normalerweise keineswegs weit oben auf der Prioritätenliste staatlicher Investitionen steht.

Alentejo in Portugal und Extremadura in Spanien, das waren seit jeher Synonyme für wirtschaftliche Rückständigkeit und Isolation von politischen Entscheidungsprozessen. Schon in ihren jeweiligen Namen drückt sich aus, dass sie im Jenseits der beiden Nationen liegen. Und der Guadiana war der übersehene, nur begrenzt schiffbare Fluss durch dieses iberische Jenseits – ein Niemandsland, in dem einander die beiden Länder den Rücken zuwandten und sich nicht beachteten, wenn sie nicht gerade Krieg gegeneinander führten. Der Fluss markierte hier das Weltende für zwei Seefahrernationen, die auf den Meeren kein Weltende kennen wollten und riesige Kolonialreiche in Afrika, Asien und Amerika errichteten, während sie gleichzeitig das Innere ihrer eigenen Territorien konsequent vernachlässigten.

Sogar dort, wo der Río Guadiana nicht als Grenzfluss fungiert, hat man ihn über die Jahrhunderte mehr ignoriert als genutzt. Zwischen Monsaraz und Mértola fließt er ausschließlich durch portugiesisches Territorium, doch auch dort hat man ihn kaum beachtet. Bloß zufällig kreuzen da und dort einmal Straßen seinen krummen Lauf, den dann eine Brücke überquert.

In der zweiten Hälfte des zwanzigsten Jahrhunderts kamen allerdings Ideen zur Nutzung des vernachlässigten Flusses auf. Das Regime des Diktators Salazar verfolgte bereits Pläne für einen Stausee zur Bewässerung des kargen, sonnenverbrannten Alentejo. Die Idee wurde zum portugiesischen Mythos, weckte die Begehrlichkeiten von Großgrundbesitzern und Bauunternehmern und nährte die Hoffnung der Landarbeiter auf eine bessere Zukunft.

Das verarmte postkoloniale Portugal war allein jedoch nicht in der Lage, ein solches Vorhaben zu finanzieren. Nach der Nelkenrevolution und der Demokratisierung des Landes wurde das Projekt auch international erörtert, doch 1975 lehnte die Weltbank eine Beteiligung wegen Unwirtschaftlichkeit ab. Erst im Rahmen der Europäischen Union konnten sich die Befürworter wieder Gehör verschaffen, und schließlich wurde die fast zwei Milliarden Euro teure Barragem de Alqueva mit Unterstützung aus Brüssel doch noch gebaut.

Bis heute ist der landwirtschaftliche und touristische Nutzen dieses größten Stauseeprojekts in Europa heftig umstritten, aber seit im Februar 2002 die Schleusen an der Staumauer in der Nähe von Moura geschlossen wurden und die Flutung begann, gibt es kein Zurück mehr. Einige Dörfer, etwa dreihundert archäologische Stätten und Felsmalereien, mehr als eine Million Bäume sowie der Lebensraum für viele vom Aussterben bedrohte Tierarten sind im See versunken, der nun auch als Wassersportrevier dienen soll. Der bislang ignorierte und über weite Strecken unzugängliche

Río Guadiana wird also zumindest an dieser Stelle langsam für den Menschen erschlossen. Ob sich dadurch freilich der lang gehegte portugiesische Traum von einem blühenden Alentejo verwirklicht, bleibt abzuwarten.

Eine Stadt in Bewegung

Abschied von der Melancholie?

Saudade ist passé, Vasco da Gama halb vergessen. Der portugiesische Seefahrer kam zuletzt 1998 zu großen Ehren, als das Land im Zuge der Weltausstellung EXPO seinem Nationalhelden, der fünfhundert Jahre zuvor den Seeweg nach Indien entdeckt hatte, ein unübersehbares Denkmal setzte: Die siebzehn Kilometer lange, atemberaubend filigrane Brücke über den Tejo und der hundertvierzig Meter hohe, wie ein Segel geformte Aussichtsturm tragen seinen Namen. Ansonsten ist im Stadtbild Lissabons von Vasco da Gama und seinen Kollegen kaum etwas auszumachen. Bestenfalls der Sarkophag des Indienfahrers im Nationalen Pantheon oder seine Miniaturstatue im Triumphbogen an der Praça do Comércio.

Wo sind Bartolomeu Dias, der das Kap der Guten Hoffnung umrundete, Pedro Álvares Cabral, der Entdecker Brasiliens, und wo Fernão de Magalhães, der erste Weltumsegler, versteckt? Sie sind nicht zu finden. Selbst Heinrich der Seefahrer, der den ersten Griff Europas nach Übersee Anfang des 15. Jahrhunderts einleitete, ist nur in einem Gesamtdenkmal bedacht; und das steht im Lissabonner Vorort Belém. Portugal befreit sich von seinem zwiespältigen Verhältnis zur Vergangenheit.

Während früher schwarz gekleidete Portugiesen oft melancholisch aufs Meer schauten, blicken sie heute mit coolem Outfit und Handy am Ohr in die Zukunft. Spätestens mit der letzten Weltausstellung des 20. Jahrhunderts hat Lissabon Europa gezeigt, dass die Stadt jung, modern und europäisch ist. Eine Bühne, um der Welt das ganze Land vorzuführen. Auf dem dreihundertdreißig Hektar großen Gelände fanden die besten Baumeister eine Spielwiese, auf der Santiago Calatrava, Álvaro Siza Vieira und andere ihre architektonischen Meisterwerke hinterließen.

Die EXPO verursachte die größte urbane Revolution seit dem Erdbeben von 1755. Eine Industriebrache, groß wie fünf Fußballfelder, wurde in begehrte Luxuswohnungen, Flaniermeilen, Jachthafen und Sportanlagen verwandelt. Ein neues Stadtviertel für fünfundzwanzigtausend Menschen entstand. Der »Parque das Nações«, wie die gigantische Fläche aus hypermodernen Pavillons, Wassergärten, Freilichtbühnen, Konzerthallen, Restaurants, Bars und dem einzigartigen Meeresaquarium heißt, steht bei den *lisboetas* als Freizeitpark seitdem an erster Stelle. Jahrhundertelang zeigte Portugal Europa den Rücken, das Armenhaus, so hieß es. Auf einmal liegt Lissabon nicht mehr am äußersten Rand, weder geografisch noch mental.

Seit der Westerweiterung flossen Milliarden aus Brüssel für Modernisierungen in das südwestlichste Land der Europäischen Union. Autobahnen, die neuen U-Bahn-Stationen, Einkaufszentren, Kongresshallen, Marinas und Fußballstadien wurden gebaut. Dennoch hat Lissabon seine Eigenheit bewahrt. Unverändert lebt es dem Meer zugewandt. Wenn die Hitze des Tages abgeklungen und die Abendsonne hinter der Christusstatue bei der roten Tejo-Brücke untergegangen ist, startet am Tejo die Megaparty. Zwischen dem Parque das Nações im Osten und dem Vorort Belém im Westen, auf gut zwanzig Kilometern, herrscht Starkstromatmosphäre. In den neunziger Jahren mutierten die abgewirtschafteten Industriezonen entlang der Hafenkais schlagartig zum ausgeflipptesten, schrillsten Szeneviertel der Stadt. Designer übernahmen die Umgestaltung der Docks mit Edelstahl, Glas und Halogen, in die schicke Discos, Klubs und Restaurants einzogen.

Überhaupt steht Design in Lissabon hoch im Kurs. Auch hier hat der Architekt Siza Vieira, Meister der puristischen Linie, Vorarbeit geleistet. Nach dem schweren Brand im berühmten Künstlerquartier Chiado Ende der achtziger Jahre baute er das historische Viertel nach seinen Maßstäben wieder auf. Hier und im angrenzenden Viertel Bairro Alto haben sich seither Designer für Möbel, Mode und Dekoration angesiedelt.

Wie konsequent modern die Objekte sind, zeigen die Beispiele der dreißiger Jahre des 20. Jahrhunderts im Design-Museum an. Ein aktuelles Bild vermittelt die jährliche Messe »ExperimentaDesign«, die wichtigste Design-Messe in Portugal, die europaweite Beachtung findet. Auch Hotels, allen voran viele *pousadas*, erhalten von Anhängern des Konstruktivismus ein neues Kleid im edlen Mix aus Historie und Moderne.

Die Fußball-Europameisterschaft im Jahr 2004, die größte Massenveranstaltung, die das Land je gesehen hat, sprengte alle Rekorde. Schon deshalb, weil der ewige Konkurrent Spanien bei der Bewerbung durchgefallen war. Für die zehn nagelneuen oder grunderneuerten Stadien gab das Land fünfhundertfünfundneunzig Millionen Euro aus. Für ihre beiden Spitzenklubs baute Lissabon gleich zwei neue Megastadien, das Estádio da Luz für Benfica mit fünfundsechzigtausend Plätzen und das Estádio José Alvalade für Sporting mit fünfzigtausend. Und auch hier zeigten die *lisboetas*, dass südliche Langsamkeit durchaus in professionelle Bewegung gesteigert werden kann. Beide wurden rechtzeitig fertig und versetzten mit ihren kühn geschwungenen Konstruktionen sogar die UEFA in Begeisterung.

Selbst die Wehmutsmelodie, die Amália Rodrigues wie keine andere verkörperte, klingt in Lissabon nicht mehr wie früher. Der Weltschmerz mündet am Ende immer in ausgelassene Partystimmung. Letztlich darf man nicht vergessen, dass keine europäische Stadt näher an Brasilien liegt als Lissabon. Da schwappen Samba und die Lebenslust von der Copacabana leicht herüber.

Trotz allem bleibt Lissabon die Liebe zur Vergangenheit. In den herrlich anachronistischen Kaffeehäusern »Versailles«, »A Brasileira« und »Suiça« frönen die *lisboetas* der Belle Époque und den nationalen Leidenschaften: *bica* trinken und süße Teilchen schlemmen. Und der Elevador da Glória, die knallgelbe Standseilbahn von 1885, befördert wie eh und je ihre Fahrgäste von der Praça dos Restauradores durch die steile Häuserschlucht zum Bairro Alto.

Fahrkarte zum Platz des Vergnügens

Mit der Elektrischen durch Lissabon

Lissabon ist eine Siebenhügelstadt wie Rom und gerade dort am schönsten, wohin man zu Fuß bei der üblichen Hitze nur unlustig geht. Die alten Stadtteile wie die Alfama oder der Bairro Alto, die das Erdbeben von 1755 verschont hat und wegen ihrer natürlichen Lebendigkeit jedermann anlocken, liegen ausgerechnet auf diesen Hügeln. Man kann es sich aber leicht, bequem und sehr portugiesisch machen, mit dem *eléctrico*.

Die gemütlichen Gefährte sind seltener geworden, weil sie der Blechkarosse Platz machen müssen. Übrig geblieben ist die eine: die Linie 28, die vielleicht verrückteste Straßenbahnlinie der Welt. Sie fährt auf einer abenteuerlichen Strecke in eine Zeit, in der sich das Imperium der Seefahrernation von Brasilien über Afrika bis nach Asien erstreckte und Lissabon die reichste und strahlendste Metropole Europas war. Niemand kann sich hier dem Charme des Maroden entziehen. Die Modelle, die die städtische Straßenbahngesellschaft Carris auf dieser Strecke einsetzt, sind museumsreif, aber nur sie passen, weil sie so schmal gebaut sind, durch die extrem engen Häuserschluchten.

Der *eléctrico* braucht eine gute Stunde von der Endstation Prazeres im Westen zum quirligen Stadtzentrum und weiter bis zur Endstation Graça im Osten. Auf dem Cemitério dos Prazeres, dem Friedhof des Vergnügens, hatte der Dichter Fernando Pessoa sein Grab, bevor seine Gebeine 1985 zu denen der anderen portugiesischen Volkshelden wie Vasco da Gama und Luís de Camões in das Jerónimo-Kloster umgelegt wurden. Auf einer schattigen Bank erholt sich dort der Fahrer noch von seiner letzten Tour; die 28 wartet schon.

»Früher war alles anders«, erzählt Senhor Manuel von seiner Arbeit und blinzelt etwas melancholisch in die Sonne. Früher hat er hier mit seinem Kollegen, dem Schaffner gesessen; der ist wegrationalisiert worden. Der rundliche Mann in grauer Hose und hellblauem Hemd, die leichte Sommeruniform Marke Carris, erzählt von der Sensation, als das erste Schienenfahrzeug 1873 das Lissabonner Depot verließ. Da liefen noch Pferde vor dem Wagen, aber schon 1897 stellte der Betreiber auf Elektrizität um.

Bis vor wenigen Jahren waren die Plattformen vorn und hinten sogar noch offen. Haltegriffe und Scherengitter wurden dann durch Elektrotüren ersetzt, sodass niemand mehr während der Fahrt auf das Trittbrett aufspringen konnte. »Strengstens verboten war das ja sowieso. Aber was für ein Spaß!« Manuels Augen leuchten. »Das ist Vergangenheit. Auch die Fahrscheine werden nicht mehr per Hand geknipst, sondern im scheppernden Automaten entwertet.«

Ein Blick auf die Uhr, und er macht sich auf zum Führerstand. Er nimmt auf seinem einbeinigen Sitzpolster Platz, mit den Beinen hält er das Gleichgewicht. Die ersten Fahrgäste steigen ein. Mit einem Ruck an der Handkurbel setzt sich das Gefährt fahrplangemäß quietschend in Bewegung. »Hundertfünfzehn PS!«, sagt Manuel stolz, »aber über dreißig Stundenkilometer darf ich nicht.« Die Kurbel, ein Patent der English Electric Company, London, »Dick Kerr System«, ist das wichtigste Utensil: Sie ist Gaspedal und Bremse zugleich. Schwingt er den hölzernen Knauf nach rechts, nimmt die Geschwindigkeit zu, kurbelt er nach links, wird die Fahrt langsamer. Mit Hilfe der Schienenbremsen kommt der Wagen zum Stehen.

Langsam zuckelt die 28 am Estrela-Park vorbei, einem paradiesischen Garten mit der mächtigen Barock-Basilika. Bergab führt der Weg nach São Bento zum Sitz des Parlaments. Im Schneckentempo rumpelt die Elektrische durch ihre Schienen. Wer aussteigen wollte, zog früher am ledernen Riemen, der unter der Decke hing und durch blankgewetzte Ösen lief. Ein Glöckchen bimmelte dann und der *guarda-freios*, Bremsenwärter, wie der Fahrer auch genannt wird, wusste Bescheid. Die Riemen sind heute in den meisten Wagen durch moderne Klingeln ersetzt.

Am Bug über den Gleisen hat der Wagen immer noch die schaufelförmige Schutzvorrichtung, den Kuhfänger, der »bewegliche Hindernisse« aus dem Weg räumen soll. In den alltäglichen Verkehrsstaus hält sich der Fahrer lieber an die lärmende Bimmelei, die »Straße frei!« ruft, aber natürlich gar nichts ausrichtet. Manuel fährt defensiv. Das Risiko einer Karambolage könne er sich nicht leisten, sagt er. Bei einem Unfall sei er nämlich mit zwanzig Prozent am Schaden beteiligt. Dennoch mache er seine Arbeit mit Leidenschaft, sagt der *condutor*, grinst und jagt stürmisch abwärts auf die Kurve zu, hinter der das Szeneviertel Bairro Alto liegt. Kurbel nach links, die Bremsen jaulen, die Tram legt sich schräg in eine Rechtskurve und die Schienen fangen die Wucht kreischend auf. Senhor Manuel versteht sein Handwerk. Für die Strecke der 28 braucht man übrigens einen Spezialführerschein.

In die Straßen kommt jetzt mehr Bewegung, das Stadtzentrum nähert sich. Geschäftsleute, immer in Eile, winden sich geschickt durch die Menschenmassen. Passanten mit mehr Zeit bummeln, schwer beladen mit Einkaufstüten von den vornehmen Geschäften des Chiado-Viertels. Nach dem Großbrand von 1988 hat die Stadt den Architekten Siza Vieira mit dem Wiederaufbau beauftragt, der das Viertel noch schicker gemacht hat. Trotzdem schimpft Manuel auf die Stadtregenten. Zu viel Vetternwirtschaft, zu viel Arroganz, zu viel Korruption.

Derweil steigt der Duft scharf gerösteten Kaffees auf. Schuhputzer warten zuhauf auf Kundschaft. Vor der Kirche der Märtyrer strecken Arme und Alte ihre Hand nach milden Gaben aus. Losverkäufer schreien mit einem Rest Stimme die verheißungsvollen Nummern. Ein Glück, auf das immer weniger vertrauen; man ist nüchterner geworden.

Die vierundzwanzig Sitzplätze im Abteil sind längst belegt, zuerst die Plätze am Fenster. Die *lisboetas* lieben es, sich aus dem offenen Fenster zu lehnen, um ja nichts vom Geschehen auf der Straße zu verpassen; sie schieben die Sprossenfenster aus massivem, honigfarben lackierten Eichenholz einfach hoch. Zum Schutz vor der prallen Sonne sind die Rollos aus Wachstuch da, ein angenehmer Komfort, den aber kaum einer nutzt.

Der *eléctrico* nähert sich der Praça do Comércio und in den Fahrtwind mischt sich die atlantische Meeresluft, die vom Tejo hereindringt. Die Baixa, das Zentrum der Geschäftswelt mit Banken, Handelshäusern und Ministerien, lassen wir links liegen. Das monotone Dröhnen des Fahrwerks bereitet uns auf die lange Steigung zur Alfama vor. Auf halber Höhe, gerade erst in Fahrt gekommen, bricht es klagend ab. Haltestelle. Hier ist die Sé, die wuchtige Kathedrale aus dem 13. Jahrhundert, in der heute bald häufiger geheiratet als gebetet wird. Gleich daneben und ebenfalls wuchtig steht das ehemalige Pide-Gefängnis mit dem lieblichen Namen Limoeiras, Zitronenbaum. Während der Salazar-Diktatur war es der Schrecken aller Antifaschisten.

Weiter geht's. Die Alfama war wegen ihrer Nähe zum Wasser schon zur Maurenzeit Wohnort der Fischer und Seeleute, ein verrufenes Viertel mit vielen Kneipen und düsteren Gassen. Heute ist es zur beliebten Adresse der Lissabonner Schickeria geworden. Die 28 taucht in den Dschungel der Alfama ein. Die kopfsteingepflasterten Straßen werden enger, immer dichter steigen die Häuserfronten neben uns auf. Die Kurbel kräftig hin- und hergeschwenkt, schießt der Kondukteur um scharfe Kurven und riskant hervorstehende Hausecken herum, rattert mit gleichbleibender Fahrt die nächste Steigung hoch, sodass die Fußgänger in die Hauseingänge flüchten. Senhor Manuel grinst über beide Ohren. »Die kennen dieses Spiel!«

Plötzlich hält er der Wagen mitten auf der Wegstrecke: Hier endet das Doppelgleis, die Straße ist zu eng. Früher begann hier der spaßigste Abschnitt, durch den man nur mit Hilfe eines eigenwilligen Informationsdienstes gelangte. Die rechtwinkligen, uneinsehbaren Kurven wurden mit Verkehrskellen – eine Seite grün, die andere rot – vom Gegenverkehr freigehalten. Mal hing eine Kelle über den Gemüse- und Obstauslagen eines kleinen Ladens, mal lag sie in der Hand eines schläfrigen Wachpostens, mal steckte sie hinter der Laterne eines Hauseingangs. Hatte die Bahn einen Posten passiert, wurde die Kelle gedreht. Das System war simpel und es funktionierte. Doch dieses Vergnügen gehört leider der Vergangenheit an; im Zuge der Modernisierung wurden die Kellen durch Ampeln ersetzt.

Vorbei geht's an Kisten mit Feigen, Bananen und Orangen, Fässern mit Oliven und prallen Bohnensäcken. Morgenländische Gerüche und Stimmengewirr begleiten die Bahn unter trocknender Wäsche. Wir gehen in die letzte Kurve und sehen schon die Bahn aus der anderen Richtung in Warteposition. Während unsere Fahrt sich der Endstation Graça nähert, hat die andere das Nadelöhr und die Bilderbuchreise noch vor sich.

Bei der Endstation hat das Vergnügen vorerst ein Ende. Nachdem alle Passagiere ausgestiegen sind, bereitet Senhor Manuel die 28 vor seiner Pause auf der hiesigen Parkbank noch für die Rückfahrt vor. Er holt das Laufrädchen mit einem Strick von der Oberleitung und lässt es auf der anderen Seite wieder nach oben federn. Im Abteil klappt er die Rückenlehnen der grünen Sitzbänke um, transportiert Seitenspiegel und Fahrersitz auf die andere Seite. Auf dem Richtungsanzeiger steht jetzt wieder Prazeres: Vergnügen, das ist ihr Ziel.

Die Sucht nach der Sehnsucht

Fado: Der atlantische Blues erlebt seine Renaissance

Einer dimmt das Licht, der Raum wird dunkel. Das Stimmengewirr verstummt. Drei Musiker schlängeln sich durch die Tischreihen und nehmen mit ihren Instrumenten unter einem Gewölbebogen Platz, eine *Fado*-Sängerin stellt sich dazu, zieht ihren schwarzen Schulterschal zurecht und wartet auf die ersten Klänge der Gitarren. Dann legt sie den Kopf in den Nacken und hebt ihre Klage an, pathetisch und herrlich traurig – *fado*, der Lissabon-Blues.

In einem solchen Lokal habe sie auch einmal angefangen, sagt Katia Guerreiro, vor dem Theater São Luís. Sie liebt die renommierte Bühne Lissabons, auf der sie schon viele Konzerte gab. Katia Guerreiro studierte Medizin und gehört zu der neuen Generation von Künstlerinnen, die den Traditionsgesang der Portugiesen mit neuem Leben erfüllen. Joana Amendoeira, Mariza, Ana Moura, Cristina Branco, Mísia, Mafalda Arnauth oder Dulce Pontes – sie verzaubern Lissabon mit Poesie und starken Gefühlen, lieblichem Schmerz und schmerzender Liebe.

Im *fado* – das sich von fatum, dem lateinischen Wort für Schicksal, ableitet – ist Portugals unbeschreibbare Seele am besten zu spüren, er singt von Liebe und Tod, Fröhlichkeit und Trauer, Trennung und Vereinigung. Stets ist mit ihm die *saudade* verbunden, jenes wehmütige Grundgefühl, das oft unzureichend als vage Sehnsucht der Portugiesen nach der vergangenen Größe des einstigen Weltreichs heldenhafter Seefahrer beschrieben wird. Dabei wohnt der *saudade* auch immer die Hoffnung auf Glück inne, auf Befreiung von einem Dasein in Bedeutungslosigkeit. *Fado* ist Poesie, und ihre jungen Sängerinnen schenken dem Publikum einige der bewegendsten Liebesgedichte der Gegenwart.

Amália Rodrigues ist ihr Vorbild, die legendäre *fadista*, die schöner als alle anderen Schmerz, Schicksal und Sehnsucht in ihre Stimme legen konnte und die Volksseele ihrer Zeit verkörperte. Ein wenig Weltschmerz war dabei, ein wenig Obsession und Nostalgie. Als Amália 1999 starb, fürchteten viele, mit ihre sterbe auch der *fado*. Stattdessen ist er jedoch moderner geworden, fesselnder auch für junges Publikum, das zugleich vielleicht dem Hip-Hop oder Techno, den Boygroups oder Girlie-Bands huldigt.

»Neu ist heute, dass wir Amálias fado weiterentwickeln«, sagt Katia Guerreiro, »nichts anderes.« Junge Musiker frischen alte Melodien auf, zur zwölfsaitigen *Guitarra Portuguesa* kommt plötzlich ein Kontrabass hinzu, mal ein Klavier oder eine Flöte. Experimentelles wurde früher nicht gewagt. Jetzt stammen die Texte oft von zeitgenössischen Literaten wie Sophia de Mello Breyner, António Lobo Antunes oder Lídia Jorge.

Ana Moura, die zu den aufstrebenden Stars des Genres gehört, beschreibt die Wechselwirkung zwischen Tradition und Erneuerung: »Wir können nicht die alten Fado-Lieder singen, da sie nicht aus unserer Zeit stammen. Im fado geht es um Gefühle, und wir müssen unsere heutigen Gefühle ausdrücken. Nur so bleibt der fado lebendig, und nur so ehren wir seine Tradition.« Und Katia Guerreiro bringt es kurz und bündig auf den Punkt: »Neue Medien, neues Publikum.«

Wenn sie nicht vor dem Mikro steht, ist nichts an Katia Guerreiro pathetisch, melancholisch, gar traurig. Sie ist unkompliziert und optimistisch, heiter und lebensfroh, ihren schicken Designer-Blazer hat Carlos Gil geschneidert, der auch Kleider von Präsidentengattinnen entwirft. »Die alten Repertoires haben mit dem modernen Menschen nichts mehr zu tun«, sinniert die Sängerin unter dem von Tauben bevölkerten Denkmal des portugiesischen Nationaldichters Luís de Camões, der unweit vom Theater hinunterblickt auf das quirlige Leben der Altstadt und die schicke Shoppingmeile Rua Garrett. »Trotzdem brauchen wir Poesie, auch die von Camões.«

Auf dem Platz vor der Carmo-Kirche, die vom Erdbeben 1755 zerstört wurde, erwähnt Katia, dass hier die Nelkenrevolution 1974 begann. Das war vor ihrer Geburt. Mit der Abschaffung der Salazar-Diktatur sei damals auch der *fado* fast verschwunden. Für Salazar war er subversiv, ein Lied des inneren Aufstands gegen das Regime und das soziale Elend. Deshalb unterzog er ihn der Kontrolle und der Zensur, verbannte ihn in eigens eingerichtete »Casas de Fado«. Spontanen *fado, fado vadio,* den Amateure in Hafenkneipen sangen, untersagte der Despot. Erst in den neunziger Jahren kehrte der *fado* zurück.

Hinter der Kirchenruine lehnt Katia Guerreiro

an der Brüstung der Aussichtsterrasse und blickt über das Häusermeer zum gegenüberliegenden Hügel mit der Burg São Jorge. Sie forscht nach einer Begründung, wieso fast gleichzeitig mit der Renaissance des Klagelieds Lissabon zur hippsten Partyszene Europas aufstieg.

»Die Globalisierung hat unser Land verändert«, analysiert Katia Guerreiro, »sie zwingt die Menschen in einen Rhythmus, der Gefühle verdrängt, ja fast verbietet. Fado hilft, diese Gefühle zurückzuholen. Er erlaubt innezuhalten, nachzudenken und gibt uns Hoffnung.« Und das klingt dann doch etwas melancholisch.

Die Alfama muss schon im 19. Jahrhundert so ausgesehen haben: Auf den schmalen Gehsteigen der engen Gassen drängeln sich Obst- und Gemüseauslagen der Händler um den knappen Platz. Unter den Fenstern der Häuserfronten hängt trocknende Wäsche. In diesen hafennahen Vierteln Alfama, Mouraria, Bairro Alto und Madragoa kam einst der *fado* auf, hier ist er noch immer zu Hause. Quartiere mit schummrigen Kneipen, in denen früher einfache Leute, Matrosen, Prostituierte und Bohemiens verkehrten. Maria Severa Onofriana, eine stadtbekannte Dirne, war um 1830 die berühmteste *fadista*, die auch Adlige begehrten. Ein Hauch von Verruchtheit lag seither über dem melancholischen Gesang.

Aus Häusern und Restaurants dringen *Fado*-Klänge. Katia Guerreiro singt leise mit. Die Alfama ist ihr Stimulans. Mit dem ausgeflippten Nightlife-Milieu kann sie sich nicht so recht anfreunden, sagt sie, findet aber, dass sie deshalb keine schlechtere *fadista* abgibt. Sie fühlt die Musik, die Poesie, singt mit enormer Intensität und Sentimentalität. »Vielleicht, weil ich Ärztin bin, weil ich die Leiden und Ängste der Menschen verstehe.«

Passanten in der Alfama erkennen sie, grüßen oder nicken ihr einfach freundlich zu. In einer der Gassenecken entdeckt sie ein *Fado*-Lokal, das den Namen ihrer ersten CD trägt: Fado Maior. Sie strahlt. Warum diese Frohnatur bloß so traurige Lieder singt? Weil das Leben nun einmal nicht nur fröhlich sei. »Wir können das Gute nur verstehen, wenn wir auch das Schlechte fühlen.«

Das Nationale Pantheon ist ein stolzer Bau, ein Heldentempel. Amália Rodrigues liegt hier als einzige Frau neben den berühmtesten Heroen des Landes. »Es ist das erste Mal, dass ich ihr so nah bin«, gibt Katia am Sarkophag des Idols bewegt zu. In goldenen Lettern ist der Name der großen *fadista* im Marmor verewigt, auf dem Boden liegen frische Blumensträuße.

Es ist spät geworden. Die Abendsonne lässt Glanz auf die roten Ziegeldächer fließen, als hätte Lissabon Rouge aufgelegt. In den Straßen gehen bald die gusseisernen Laternen an, wo gäbe es eine bessere Einstimmung auf die Romantik der Nacht – oder ihre Melancholie?

Einspruch, Senhor Pessoa!

Ein literarisches Zwischenspiel

Natürlich, Senhor Pessoa, Sie sind Portugals bedeutendster Schriftsteller der Moderne, und Ihr »Buch der Unruhe« gehört zu den ganz großen Werken in der Weltliteratur des 20. Jahrhunderts. Aber so wie Sie kann man ihr Heimatland doch nun wirklich nicht sehen – erst recht nicht, wenn man in Lissabon zu Hause ist. Wie haben Sie es überhaupt geschafft, in dieser herrlichen Stadt am Tejo in jene »tiefe und ruhige Depression« zu verfallen, in die Sie Ihr literarisches Alter Ego, den Hilfsbuchhalter Soares, immer wieder hineinschicken? Wie kann Ihnen ausgerechnet der Lissabonner Alltag so grau und bedrückend erscheinen, wie kann man gerade hier darauf verfallen, so schwermütig über das Vergebliche allen Lebens zu philosophieren?

Haben Sie sich denn wirklich umgeschaut in Ihrem Lissabon, bevor Sie folgende Sätze in ihr berühmtes fragmentarisches Denktagebuch schrieben: »Ich wollte das Leben nicht spüren, wollte die Dinge nicht anrühren, weil ich aus der Erfahrung meines Temperaments im Umgang mit der Welt wusste, dass die Wahrnehmung des Lebens für mich schmerzhaft sein würde.« All das ist so schwer zu verstehen für einen Fremden, der fasziniert ist von Lissabon, für einen Besucher, den die Stadt nicht mehr loslässt. Aber Sie sagen es ja selbst immer wieder, dass Sie Lissabon, dass Sie Ihre Umgebung eigentlich gar nicht richtig wahrgenommen haben, nicht wirklich wahrnehmen wollten, sie bestenfalls als nichtige Wirklichkeit ansahen: »Ich bin stets hier, im Inneren, umschlossen von den hohen Mauern des Hofs meines Bewusstseins, meiner selbst.« Daraus mag dann große Literatur entstanden sein, unser Bild von Lissabon freilich können wir darin nicht wiederfinden.

»Wenn ich ein anderer wäre«, schreiben Sie einmal, »ich würde mich mit Freunden verabreden und die Straßenbahn nach Benfica nehmen. Wir würden bei Freunden in Gemüsegärten zu Abend essen.« Hätten Sie es doch einfach einmal getan anstatt immer nur bedrückt im Kaffeehaus herumzubrüten und kleine Zettel zu bekritzeln. Sicher, lieber Senhor Pessoa, dann wären Sie vielleicht der Nachwelt nicht als der ganz große portugiesische Dichter erhalten geblieben, aber Sie hätten Lissabon so genießen können wie viele Besucher aus aller Welt, die es immer wieder dorthin verschlägt.

Himmelsspeck und Nonnenbäuche

Süße Verführung als nationale Leidenschaft

Das Leben in Portugal ist süß. Bestimmt süßer als anderswo, zuckersüß. Ein Blick in die Gebäckauslagen der Lissabonner Cafés genügt. Da liegen sie, die feinen *pastéis de nata,* die *queijadas, queijinhos de ovos, fios de ovos, truxas de ovos, meia lua* und *pão de ló.* Süße Sünden, die sich jeden Tag frisch in erstaunlicher Vielfalt und Zahl in den Vitrinen türmen. Egal wann man ins »Versailles«, »Nicola« oder zur »Confeitaria Nacional de Balthazar Castanheiro« geht – es herrscht immer Hochbetrieb.

Zuckerreiche Süßspeisen mit viel Eigelb sind nationales Laster und Leidenschaft. *Ovo* heißt Ei, weshalb das Wort so oft in den Namen erscheint. Die Konditoren fertigen die köstlichsten Kalorienbomben, himmlische Törtchen und Desserts in aufwändiger Handarbeit und nach Rezepten, die meist Klosterküchen entstammen. In vielen der traditionsreichen Cafés, Kaffeehäuser, *confeitarias* und *pastelarias* (Konditoreien), die um die Jahrhundertwende Treffpunkt von Literaten, Künstlern und Intellektuellen waren, haben prächtige Holzvertäfelungen, Kristalllüster und Fliesenschmuck des Jugendstils trotz mancher Modernisierung überlebt. Unter dem sagenhaften Geklapper, das die *empregados* an der Espressomaschine mit Geschirr und Löffelchen produzieren, wandern die süßen Teilchen in unglaublichem Tempo von der Vitrine auf Teller und Tische – wendigere Kellner als in Lissabon dürften schwer zu finden sein. Dazu eine *bica* und das Glück ist vollkommen.

In fast allen Ländern Europas entwickelte sich die Kochkunst an Fürstenhöfen und in Klöstern. Auch in Portugal. Speisen wie Hirsebrei, Buchweizengrütze und Biersuppe waren in den Klöstern des Mittelalters Alltag. Irgendwann waren die Mönche und Nonnen dieser Nahrung überdrüssig und fingen an, süße Schleckereien und klösterliche Versuchungen zu entwickeln.

Die Klöster boten beste Bedingungen dafür, weil sie dank ihrer engen Verbindungen zu Krone und Adel über großzügige Mittel, Ländereien und daher alle nötigen Kochzutaten verfügten. Bei den Ordensleuten, oft selbst blaublütig, erblühte die Zuckerbäckerei zur Perfektion. Denn die Nonnen benötigten enorme Mengen Eiweiß, weil sie die Krägen ihrer Tracht damit stärkten, und die Mönche, um Wein zu klären. Das Gelbe vom Ei blieb übrig. Was lag näher, als es in süße Gaumenträume zu verwandeln?

Zisterzienser, Klarissen und Benediktiner, Mönche und Nonnen, aßen die süßen Produkte aus ihrer Klosterküche jedoch nicht nur selbst. Sie verfertigten sie auch als Geschenke oder Reiseproviant für adlige Gäste, die in den Klöstern nächtigten. Im Laufe der Zeit hatten sie eine Fülle von Rezepten entwickelt. Namen wie Himmelsspeck (*toucinho do céu*), Nonnenbäuche (*barrigas de freiras*), Engelsbäckchen (*papos de anjos*), Pasteten der Heiligen Klara (*pastéis de Santa Clara*) und die Himmlischen (*Celestes*) belegen die klösterliche Herkunft. Allein für eine Portion Himmlischer werden vierundzwanzig Eigelb aufgeschlagen und mit fünfhundert Gramm Zucker verrührt, Himmelsspeck enthält zwanzig Eigelb, Nonnenbäuche zwölf. Je nach Rezept kommen noch Mandeln, Feigen, die Aromen von Orangen und Rosenblüten hinzu – Zutaten, die Portugal seiner maurischen Vergangenheit verdankt.

Das Land war auch sonst in Sachen Süßspeisen begünstigt. Der entscheidende Vorteil entstand, nachdem Portugal Ende des 15. Jahrhunderts den Seeweg nach Indien und kurz darauf Brasilien entdeckt hatte. Ganze Schiffsladungen mit indischem Zimt und brasilianischem Zucker wurden in Lissabon gelöscht, und die Ordensleute fingen an, damit zu experimentieren. Der leicht zu verarbeitende braune Rohrzucker ersetzte bald weitgehend den Honig. Die Rezepte wurden immer mehr verfeinert. Die hoch angesehene Zuckerbäckerei wurde schon 1575 im »Regimento dos Confeiteiros« in achtundzwanzig Artikeln gesetzlich geregelt.

Lange blieben die Rezepturen des klösterlichen Zuckerbackwerks ein gut gesichertes Geheimnis hinter Klostermauern. Erst als die Orden im 18. Jahrhundert des Landes verwiesen wurden, kehrten die Ordensbrüder und -schwestern aus den Klöstern zu ihren Familien zurück. Im Gepäck hatten sie das Wissen um das süße Klostergebäck, das sich nun im ganzen Land verbreitete.

Auch die Rezeptur für die famosen *pastéis de nata*, ein Blätterteiggebäck mit einer Vanille-Sahnecreme-Füllung, sollen aus jener großartigen Schöpfungszeit stammen. In der Küche des Jerónimo-Klosters im

Lissabonner Vorort Belém, das König Manuel I. im Jahr 1500 zum Dank für die Eroberungen stiftete, sollen die Hieronymiten sie erdacht haben. Unweit vom Kloster stellt seit 1837 die königlich lizenzierte Produktionsstätte Antiga Fábrica de Belém die originalen und unnachahmlichen Sahnehäppchen her. Das Rezept bleibt das süße Geheimnis der Mönche und der alten Manufaktur. Nur so viel gibt sie vom Inhalt preis: Für die Creme von zwanzig *pastéis* benötigt man zweihundert Gramm Zucker und acht Eigelb.

Mehr als zehntausend Sahnetörtchen verlassen täglich die Backöfen der *confeitaria*, die wie früher per Hand gefertigt und kurz vor dem Verzehr mit Zimt bestäubt werden. Ihretwegen pilgern die Lissabonner nach Belém, verzehren sie im Café und nehmen sie dann auch noch schachtelweise mit nach Hause. Denn das Schönste an dieser Versuchung ist, ihr nachzugeben.

Blüten, die den Ruin bedeuten

Eine portugiesische Posse mit fatalem Ende

Am 24. November 1924 saß Artur Virgílio Alves Reis nach Büroschluss in seinem Kontor und überlegte, wie er zum reichsten Mann Portugals aufsteigen könnte. Der achtundzwanzig Jahre junge Geschäftsmann hatte nichts Geringeres vor, als die Kontrolle über die Bank von Portugal und damit die Macht über das portugiesische Imperium zu erlangen – die afrikanischen Kolonien inklusive.

Ohne besondere Erfahrung oder die erforderliche Anlage zur Sorgfalt stieg Alves Reis rasch zum größten Geldfälscher aller Zeiten auf. Er brachte ein unmögliches Delikt zustande, einen Plan, den nur ein Verrückter für durchführbar gehalten hätte. An Dreistigkeit und Verhandlungsgeschick im Umgang mit seinen Opfern war Alves Reis wohl kaum zu überbieten. Der eigentliche Regisseur in seiner waghalsigen Inszenierung war jedoch immer wieder der Zufall.

Im Dezember 1924 fuhr der junge Mann nach London und tauchte dort mit plump gefälschten Briefen bei Waterlow & Sons auf, jener Druckerei, die für die Bank von Portugal bereits eine erste Serie von Fünfhundert-Escudonoten gedruckt hatte. Nachdem er die Firmenleitung von seinem »streng vertraulichen« Auftrag überzeugt hatte, Kapital für die bankrotte Kolonie Angola aufzutreiben, druckte Waterlow & Sons für ihn Geldscheine im Wert von hundertfünf Millionen Escudo (damals rund fünf Millionen US-Dollar) auf den offiziellen Druckstöcken der Bank. Alves Reis schaffte sie kofferweise nach Lissabon.

Eilig brachte er die Scheine in Umlauf, gründete eine Bank, die Banco de Angola e Metrópole, und engagierte Strohmänner, die Anteile der Bank von Portugal aufkauften. In wenigen Wochen hatte sich der Geldumlauf um ein Vielfaches erhöht. Da Portugal aber selbst auf Pump Geld druckte, kamen erst im April 1925 Gerüchte über gefälschte Banknoten auf. Die Zentralbank überprüfte die Scheine, konnte aber keine Hinweise auf Unregelmäßigkeiten feststellen und dementierte.

Alles lief reibungslos. Bis plötzlich, Ende 1925, ein Kassierer in Porto zwei Scheine mit identischer Nummerierung vor sich liegen hatte. Der Schwindel flog auf. Was für den Meisterverbrecher so traumhaft begonnen hatte, endete für ihn und Portugal in einem Desaster. Alves Reis landete im Gefängnis, und das Land stand vor dem finanziellen Kollaps. Ein Professor der Ökonomie an der Universität Coimbra, António de Oliveira Salazar, bot daraufhin an, Ordnung in die zerrütteten Finanzen zu bringen. Er tat das auch, bescherte Portugal aber gleichzeitig das Trauma einer mehr als vierzig Jahre währenden Diktatur.

Design trifft Geschichte

Stilvoll übernachten in »pousadas«

Was für ein süßer Traum, Burgfräulein oder Schlossherr für wenigstens eine Nacht zu sein! Einmal wie ein Mönch im Kloster nächtigen – nur nicht so asketisch. Die portugiesischen *pousadas* – übersetzt »Oasen der Ruhe« – befinden sich in Burgen, Schlössern und Klöstern mit bewegter Vergangenheit. Diese ehemals staatlichen, inzwischen privatisierten Nobelhotels erfüllen die zeitentrückten Träume. Sie sind über das ganze Land verteilt und liegen an landschaftlichen Luxusplätzen. Zur Idee gehört dazu, dass der Gast in stilvollem Ambiente die kulturellen Traditionen der verschiedenen Regionen und deren Küche und Keller kennenlernen kann. Zu unterscheiden sind vier Kategorien: historische *pousadas*, historische Design-*Pousadas*, Charme-*Pousadas* und Natur-*Pousadas*.

»Wahrung der Tradition« stand als Philosophie jahrelang obenan. Doch fast unbemerkt haben sich in den letzten Jahren im Netz der vierundvierzig *pousadas* Häuser einen Platz geschaffen, die eine völlig neue Handschrift tragen. Erstaunliches ist da entstanden: Design-*Pousadas* in einem edlen Mix aus Historie und Moderne.

Nur eine Autostunde von Lissabon entfernt wacht die Pousada D. Afonso II. in Alcácer do Sal, eine Festung aus der Maurenzeit, über den Fluss Sado, das dazugehörige Naturschutzgebiet und die nahen Atlantikstrände. Da von der Burg nur Ruinen übrig waren, überbaute der Architekt Diogo Lino Pimentel beherzt maurische Fenster und mittelalterliche Wehrmauern mit strengen Linien im Bauhausstil. In Lobby, Aufgängen und Fluren wirken schlichte Eleganz und Lichteffekte, die mit gezielt platziertem Innendekor ein modernes Gesamtkunstwerk bilden. Die Zimmer haben modernen Schick.

Im Binnenland bieten die alentejanischen Tiefebenen mit ihren sanft geschwungenen Hügeln, Weizenfeldern, Olivenbäumen und Korkeichen ungeahnte Höhepunkte. Dazwischen liegt das kleine Dorf Alvito, in dem die Pousada Castelo de Alvito in der gut erhaltenen Burg von 1494 Quartier genommen hat. Hinter den wuchtigen Wehrmauern wurde eindeutig klassisch restauriert. Doch der bei Dekoration und Mobiliar bevorzugte Minimalismus schafft eine harmonische Ergänzung zum Mudejarstil, der eine Stimmung wie aus Tausendundeiner Nacht zaubert. Maurisch-märchenhaft mutet auch der Park mit Buchsbaum-Labyrinth, Orangenhain, Weinlaub und Pfauen an.

Wenige Kilometer nördlich trifft erneut Design auf Geschichte. Unterhalb des Burgdorfs Arraiolos, das für seine gestickten Wollteppiche bekannt ist, ist die Pousada Nossa Senhora da Assunção in ein Kloster des Loiós-Ordens eingezogen. Das abgelegene Gotteshaus ist nicht mehr aktiv, nur die Turmglocke übt ihr Amt weiter aus. Gregorianische Gesänge, die in den kalkweißen Gängen zwischen Rezeption, Foyer, Bar und Kreuzgang aus dezent platzierten Lautsprechern ertönen, unterstreichen die herrlich weltentrückte Atmosphäre, in die manchmal auch das Personal abtaucht. In den Zimmern dominiert der Kontrast zwischen kalkweißen Wänden, hellen Holzmöbeln und schwarzen Marmorbädern. Die *pousada* ist ein idealer Startpunkt für Ausflüge in die nahe Museumsstadt Évora und die Festungsstadt Estremoz.

Burg, Kloster und Palast in einem, verzichtet auch die Pousada Flor da Rosa in Crato auf allen Schnickschnack. Wo einst der Malteserorden zu Hause war, gehen heute Mittelalter und Moderne eine gelungene Symbiose ein. Im alten Gemäuer herrscht die neue Sachlichkeit. Die Zimmer sind originell möbliert, ohne übertriebenen Luxus. Vor den Fenstern erstrecken sich weite Olivenhaine und Rebgärten: Die Gegend stellt gute Öle her, aber auch exzellente Weine. Im Umfeld locken die Festungsstadt Portalegre, das Staatsgestüt Coudelaria de Alter in Alter do Chão und das Mamede-Gebirge.

Das Highlight unter den Design-*Pousadas* ist Santa Maria do Bouro in Amares. Die ehemalige Klosteranlage aus dem 12. Jahrhundert liegt hoch im Norden, am Rande des einzigartigen Nationalparks Peneda Gerês und mitten im Minho-Weinbaugebiet. An dem fast zerfallenen Zisterzienserkloster hat der renommierte Architekt Eduardo Souto Moura ein gestalterisches Kunstwerk vollbracht, wobei der Denkmalschutz gleich mehrere Augen zugedrückt und Geld keine Rolle gespielt haben dürfte.

Klösterliche Strenge steht im noblen Kontrast zum Design. Edelstahl, Glas und Holz schmusen schlicht-exklusiv mit dem gepflegt vermoosten

Kreuzgang, mit Säulen und Granitquadern der vergangenen Jahrhunderte. Das historische Ambiente mit den ausgeklügelt modernen Akzenten macht die *pousada* zum Erlebnis. Für Ausflüge bietet sich Braga an, das wegen seiner zahlreichen Kirchen portugiesisches Rom genannt wird. Auch Guimarães, wo Portugal geboren wurde, wie es heißt, ist nicht weit entfernt.

Neu im Club sind die Pousada S. Vicente in Braga, die Pousada de Viseu und die Pousada de Estói in einem Märchenpalast nahe der Algarve-Hauptstadt Faro. Einige weitere *pousadas* befinden sich in Planung oder im Bau, etwa das Forte de Peniche aus dem 16. Jahrhundert, Portugals mächtigste Seefestung nördlich von Lissabon, für deren designgerechten Umbau der portugiesische Stararchitekt Álvaro Siza Vieira verantwortlich zeichnet.

Auch in den Restaurants zeigt sich Wandel. Seit einigen Jahren werden in den durchweg traditionell geführten Küchen der *pousadas* alte Zöpfe abgeschnitten und kulinarische *pousadas* neu definiert, freilich ohne sie zu opfern. Inzwischen sind einige schon aufgepeppt, auf Qualität getrimmt, mit modernisierten Rezepten, veredelter Tischkultur und trainiertem Service. Manche haben sich in Gourmet-Restaurants verwandelt. Mehr denn je kann sich der Gast heute in den *pousadas* als König fühlen, nur als Mönch dagegen immer weniger. Askese gehört der fernen Vergangenheit an, die Preise für den fürstlichen Luxus sind entsprechend gestiegen.

1:0 für den Stier

Sieger und Besiegte beim portugiesischen Stierkampf

Es ist eine Bullenhitze. Die Ränge mit den steinernen Sitzreihen in der Stierkampfarena von Albufeira füllen sich langsam. Schließlich kündigen die Plakate am Eingang die besten Stierkämpfer der Algarve an. Vor den Verkaufsständen, wo man sich mit Eis, Popcorn und Erfrischungsgetränken, aber auch mit Fächern und Souvenirs eindecken kann, sind noch lange Schlangen.

Die meisten der viertausendfünfhundert Plätze sind von Touristen belegt. Die wenigen Portugiesen kommen mit Sitzkissen und tadellos wie fürs Theater gekleidet. Besonders die Kleinen sind herausgeputzt. Die Mädchen mit Rüschensöckchen und Lackschuhen, die Jungen mit Hemd und Fliege. Die begehrten Schattenplätze *sombra, barreira* und *contra barreira central* sind als Erste besetzt; sie liegen dem Tor, aus dem Reiter und Stiere herauskommen, direkt gegenüber. Links und rechts rascheln Jumbopackungen mit Chips. Popcornduft steigt auf.

Ein Blasorchester scheppert eine kurze Ouvertüre. Dann wird es still. Das große Tor öffnet sich, die Reiter, *cavaleiros,* galoppieren zur Parade herein. In schmuckem Dress mit kunstvoll verzierten und mit Glitzerplättchen besetzten Brokatwesten, Rüschenhemden, engen Hosen und noblen Dreizackhüten machen sie hoch zu Ross die Runde, grüßen ihr Publikum und lassen dabei ihre edlen Reittiere gekonnt tänzeln. Die Zuschauer klatschen artig.

Auch die Pferde sind festlich herausgeputzt: Die Mähne ist barock gelockt, die Strähnen mit Seidentüchern verziert. Anders als in Spanien, wo der Stierkampf die Nähe von Leben und Tod symbolisiert, folgt die portugiesische *tourada* der Tradition des ritterlichen Turnierspiels. Mehr als um Mut und Männlichkeit geht es um Geschicklichkeit und Nervenkitzel, um Harmonie zwischen Reiter und Pferd. Dem *cavaleiro* gehört die Gunst des portugiesischen Publikums, wenn er seelenruhig den Zusammenprall herausfordert und souverän erst in letzter Sekunde dem gefährlichen Stoß der Hörner ausweicht.

Bis auf einen *cavaleiro* verlassen alle den Rundplatz. Er stellt sich genau gegenüber der dunklen Box auf. Die Spannung steigt. Das Tor fliegt auf. Ein schwarzer Stier stiebt heraus, läuft zielstrebig in die Mitte der Manege, dreht sich ein paar Mal zur Orientierung und bleibt in einer sinkenden Staubwolke stehen. Erhaben wendet er den Kopf, bläht die Nüstern, lässt seine Muskeln beben, scharrt mit den Hufen. Ein erwartungsvolles Raunen schwillt aus den Sitzreihen der Arena.

Der *cavaleiro* positioniert sich. Sein Körper ist angespannt, sein Blick ruht fest auf den Hörnern. Das Pferd trippelt streitsüchtig auf der Stelle. Der stolze Reiter gibt sich alle Mühe, den Stier zum Zweikampf herauszufordern. Unter wüsten Schreien gibt er dem Pferd die Sporen und prescht auf das Tier los. Doch das bleibt ungerührt stehen. Der Stier schätzt die Lage in aller Ruhe ab. Er scheint keine Lust zu haben, das Publikum zu belustigen. Das wiederholt sich ein paar Mal. Der schmucke *cavaleiro* macht den Clown. Das Publikum fängt an zu lachen, Pfiffe sind zu hören. Ein erneuter Anlauf folgt. Dann donnert endlich der Bulle schnaubend über den Sandboden, die Hörner zornig nach vorne gerichtet – das Pferd entkommt ihm gerade eben. Beifallklatschen, ein Tusch von der Blasmusik. Ein seltsamer Zweikampf.

Hinter den Schutzbarrikaden springen vier Helfer zu Fuß, die *peões,* hervor, um den Stier mit pinkfarbenen Umhängen, *capotes,* weiter auf Touren zu bringen und dem Publikum etwas zu bieten. Eifrig wedeln sie mit den leuchtenden Tüchern. Doch der Koloss bewegt sich nicht. Er wartet. Er kennt seine Schwäche. Denn wenn das Schwergewicht erst in Bewegung ist, kann er die Laufrichtung kaum noch ändern. Unerwartet nimmt er einen der *peões* gezielt aufs Korn – mit einem Sprung über die Bande kann sich der Mann knapp retten. Der Mensch macht hier keine gute Figur.

Dann zückt der *cavaleiro* eine *farpa,* einen geschmückten Spieß mit Widerhaken, Symbol für das Schwert, das er dem Stier in den Nacken bohren will. Mit voller Geschwindigkeit galoppiert er auf den Bullen zu und platziert die *farpa,* bevor das Pferd seitwärts den Hörnern ausweichen muss. Der Spieß sitzt, die Bläser scheppern, die Menge applaudiert. Wütend will der Stier abschütteln, was ihn schmerzt. Doch der Pfeil sitzt fest in seinem Fleisch.

Noch einige Male wiederholt sich der Angriff von oben. Der *cavaleiro* dankt dem Publikum für den Applaus und wirft seinen Hut in die Menge. Eine Blondine mit Sonnenbrand auf der Nase fängt ihn auf. Den nächsten Kampf bestreitet der *matador* zu Fuß. In der linken Hand hält er einen roten, an einem Stock befestigten Rundmantel, die *muleta*, in der rechten den Degen. Mit einer eleganten Armbewegung lässt er das Tuch über den sandigen Boden streichen. Die Zuschauer blicken starr auf das ungleiche Paar.

Während der Stier mit gesenktem Kopf auf ihn zurast, kniet sich der *matador* auf die Erde und stellt energisch ein Bein vor. Damit zwingt er den Stier, den Kopf noch tiefer zu neigen. Im letzten Moment, als der Bulle bereits auf seiner Höhe ist, führt der *matador* den Degen am Stier vorbei – ohne ihn zu berühren. Der Todesstoß ist nur vorgetäuscht. Tobender Beifall. Mit ernstem Gesicht schaut er triumphierend ins Publikum.

Eine Trompetenfanfare kündigt die *pega* an, das Bändigen des Stieres mit den bloßen Händen, wiederum eine typisch portugiesische Variante. Acht *forcados* in schlichter Bauerntracht, die Stierbändiger, kommen in die Arena gelaufen. Während die *peões* den Stier ablenken, bauen sich die *forcados* in einer Reihe hintereinander auf. Der *cara*, der Mann mit der Zipfelmütze an der Spitze, höhnt den Stier mit seinen Rufen, reizt ihn mit kreisenden Hüftbewegungen und versucht, eine Attacke zu provozieren. Doch der schwarze Koloss denkt nicht daran, bleibt lässig, ja überlegen stehen.

Auf einmal besinnt er sich doch und rennt auf die Hampelmänner los und liefert den Zuschauern die Sensation. Sind die fünfhundert Kilogramm

Muskeln einmal in Bewegung, erreicht der Stier ohne Weiteres ein Tempo von fünfzig Stundenkilometern. Man könnte ebenso gut versuchen, einen fahrenden Wagen mit Körperkraft zu stoppen. Mit einem Sprung wirft sich der *cara* zwischen die Hörner. Er umfasst den Hals, während der *rabejador* den Stierschwanz packt und mit den anderen *forcados* versucht, das Tier in einer wilden Balgerei zu Fall zu bringen. So will es eigentlich der Mensch.

Doch stattdessen schleudert der Halbtonner den Mann zwischen den Hörnern wie ein Streichholz durch die Luft. Die anderen Arenaknechte laufen um ihr Leben. Auch die folgenden *Pega*-Versuche scheitern. Gelächter macht sich auf den Tribünen breit. Das Publikum applaudiert, aber dem Stier. Ein paar Kühe mit bimmelnden Glocken laufen in die Arena. Sie sollen den Unbesiegbaren zurück in die Box locken. Mit erhobenem Haupt verlässt der Stier die Arena. Ganz unverhofft hat er sich in diesem bösen Spiel seine Würde zurückgeholt.

Ein Schlückchen von der Seele des Landes

Wozu taugt die Baumerdbeere?

Helle Aufregung im Hinterland der Algarve. Denn mit einer solchen Razzia hatte niemand gerechnet. Sie galt diesmal weder Drogenhändlern noch illegal eingewanderten Marokkanern, sondern älteren Ehepaaren, die noch nie mit dem Gesetz in Konflikt geraten waren. Sie hatten bloß getan, was sie selbst und was ihre Eltern und Großeltern ein Leben lang getan hatten: *medronho* brennen, den portugiesischen Schnaps aus den Früchten des Erdbeerbaums. Und das sollte nun über Nacht zum kriminellen Delikt geworden sein?

Im Dorf waren einige Männer aufgetaucht, die scheinheilig nach *medronho* fragten, sich angeblich mit ein paar Flaschen eindecken wollten. In der einzigen Kneipe am Ort wies man ihnen den Weg zu den Bauern, die gerade die alljährlich im Frühjahr stattfindende Destillation beendet hatten. Zusammen mit den Destillierkolben wurden sämtliche Flaschen konfisziert. Der materielle Verlust wäre zu verschmerzen, doch nun sitzt den alten Menschen der Schreck in den Gliedern. Eine Welt ist für sie zusammengebrochen.

Medronho brennen die Bauern an der Algarve seit Generationen. Vor allem in der Serra de Monchique verarbeiten sie die fad schmeckenden Früchte des *medronheiro*, des Erdbeerbaums, zu Schnaps, weil sie sonst zu kaum etwas taugen. Natürlich werden dabei aktuelle Hygienevorschriften ignoriert, werden Normen der Europäischen Union verletzt. Es gibt oft keine Etiketten, und bei vielen *medronhos* ist nicht einmal der genaue Alkoholgehalt bekannt. Doch das alles ist in Portugal legal, solange für den Eigenbedarf und zur Versorgung von Verwandten und Freunden hergestellt wird.

Offiziell nicht erlaubt, lange Zeit jedoch stillschweigend geduldet, ist dagegen der gelegentliche Verkauf von *medronho* ohne Anmeldung eines Gewerbes und die Entrichtung von Steuern. Diese Art des Handels hat in den letzten Jahren zugenommen, vor allem seit sich immer mehr Touristen mit dem feurigen Getränk anfreunden. Die örtlichen Kneipen brauchen verstärkt Nachschub, und der eine oder andere, der an der Algarve als Gärtner oder Kellner arbeitet, nimmt schon mal eine Flasche mit, um sie dort zu verschenken oder zu verkaufen. Auf diesem Wege erhalten die Menschen, die im Hinterland ein mehr als bescheidenes Auskommen haben, einen winzigen Anteil von dem Geld, das der Tourismus an die Küste der Algarve bringt.

Die gesamte Produktion freilich ist so gering, dass man sich schon durchfragen muss, um in Monchique oder in den Nachbarorten an ein Fläschchen Aguardente de Medronho zu kommen. Sogar spezialisierte Spirituosengeschäfte in Deutschland machen ihren Kunden unmissverständlich klar, dass es sich dabei nicht um eine gängige Handelsware handelt: »Wir haben ihn nicht. Wir kriegen ihn auch nicht. Wir kennen auch niemanden, der ihn importiert. Sie müssen wirklich dorthin fahren und ihn dort kaufen.« Manche Reiseführer geben deshalb entsprechende Hinweise auf Bezugsquellen in der Serra de Monchique, doch es bleibt für den Fremden in jedem Fall schwierig, sich dem hausgemachten *medronho* zu nähern.

Er ist eine Rarität, weil die Zahl der Erdbeerbäume in der Serra de Monchique seit Jahrzehnten kräftig schwindet. Waldbrände und die Aufforstung mit Eukalyptus- und Pinienplantagen drängen den »arbustus unedo«, der am besten zwischen Macchiagestrüpp und Korkeichen gedeiht, immer weiter zurück. Die Ernte der winzigen roten Früchte, die im reifen Zustand an Walderdbeeren erinnern, ist ein mühseliges Unterfangen. In sengender Hitze kämpfen sich die Pflücker von Baum zu Baum durch die mediterrane Wildnis. Es dauert Stunden, bis man die Früchte für eine Flasche *medronho* gesammelt hat.

Nach der Ernte werden die Beeren mit Wasser versetzt und müssen mindestens drei Monate im Holzfass gären. Die paar Euro, die mit dem Verkauf von einigen Flaschen erzielt werden, bezahlen diese Mühe nicht annähernd; es wäre geradezu lächerlich, einen Stundenlohn zu berechnen. Wenn der Aufwand auch nur einigermaßen angemessen vergütet würde, wäre der Schnaps ein unbezahlbares Luxusprodukt. Deshalb wird die wilden Beeren niemand mehr pflücken, wenn es die Bauern nicht mehr für ihre kleine Brennerei tun; die Tradition und der Schnaps werden aussterben. Was dann bleibt, ist der fabrikmäßig hergestellte *medronho* von minderer Qualität, der auf Plantagen erzeugt und oft mit Monopolsprit versetzt wird. Schade.

Die jungen Leute kommen schon lange nicht

mehr zur Ernte. Sie schwärmen zwar im Freundeskreis vom *medronho* ihrer Eltern und Großeltern, doch die Plackerei tun sie sich nicht mehr an – wenn sie überhaupt noch in der Serra leben. Zu sehr lockt der ökonomische Erfolg an der nahen Algarveküste. Viele arbeiten dort in den Tourismusbetrieben, andere haben im europäischen Ausland ein Auskommen gefunden. Nur die Alten harren aus und klammern sich an ihren Gewohnheiten.

Nach dem Schreck mit der Razzia kommt nun allerdings Verbitterung auf. Warum, so fragen sie sich, kriminalisiert der Staat, der verbal immer die Bewahrung portugiesischer Traditionen fordert, praktisch über Nacht und ohne Vorwarnung eine Produktion, die das überlieferte Brauchtum pflegt? Warum ist plötzlich eine jahrhundertealte Tradition illegal, die niemandem Schaden zufügt und erst recht niemandem einen besonderen Profit einbringt? In Zukunft werden viele von ihnen nicht mehr losziehen, um in der Serra Beeren zu pflücken. Aber mit der Tätigkeit und dem Produkt stirbt auch ein Teil des Selbstbewusstseins dieser Menschen; nichts von dem, was immer war, macht noch Sinn. Langsam verschwindet auch in der Serra die Seele des Landes, denn es stirbt eine Lebensweise.

Warten auf das Verstreichen der Zeit

Tradition und Moderne in der Serra de Monchique

Mit dem Tourismus kommt die Moderne, kommt Europa auch ins Hinterland der Algarve.

Die typische Landschaft der Serra de Monchique ist schon seit vielen Jahren auf dem Rückzug vor der von der Europäischen Union geförderten Aufforstung durch Eukalyptus- und Pinienwälder. Doch es gibt sie noch, die mediterrane Cistus-Wildnis, überwuchert von klebrigen Zistrosen-Büschen, die im Frühling einen flächendeckenden weißen Blütenzauber entfachen und den Rest des Jahres nur wie vertrocknetes Gestrüpp aussehen. Dazwischen stehen Johannisbrotbäume, stacheliger Ginster, Oleander, Lorbeer und Erdbeerbäume – eine Landschaft, in der Marder, Dachse, Füchse, Luchse, Wildkatzen, Adler und Eulen ihren Lebensraum haben.

Nur vereinzelt dagegen sieht man noch die Kastanienbäume, die einst zum landwirtschaftlichen Reichtum des Gebirges beitrugen. Noch vor fünfzig Jahren, so heißt es, war der Hauptplatz im Dorf Monchique zur herbstlichen Erntezeit knietief mit Maronen bedeckt. Auch die Korkeichen, eine Art Symbol für das südliche Portugal und im benachbarten Alentejo weit verbreitet, strecken ihre bizarr geformten Äste in schwindender Zahl gen Himmel.

Sogar die vom Menschen angelegte Kulturlandschaft ist gefährdet. Die Terrassen, die im Laufe von Jahrhunderten mühevoll an den Hängen der Serra für den Anbau von Zitrusfrüchten angelegt wurden, verfallen bereits an vielen Orten. Die Gehöfte sind zu klein, der Aufwand zu hoch, um mit den Obstplantagen in der portugiesischen oder spanischen Ebene konkurrieren zu können. Europäische Fördermittel fließen anderswohin, und die Bauern sehen ihr Auskommen bedroht. Die Landflucht nimmt immer stärkere Ausmaße an, inzwischen leben bereits weniger als siebentausend Menschen in den Bergen von Monchique.

Bei Wanderungen durch die Serra trifft man auf verlassene, von Brombeersträuchern überwucherte Gehöfte und auf winzige Dörfer, in denen kein Mensch mehr wohnt. Alberto Melo, Präsident der ländlichen Entwicklungsorganisation »In Loco«, bringt das Dilemma auf den Punkt: »Wie soll man das Einkommen, das zunehmend in städtischen Industrieregionen erwirtschaftet wird, mit dem Reichtum gegenrechnen, der verloren geht, wenn Dörfer verlassen werden, Kulturen und Fertigkeiten verschwinden, die Felder aufgegeben und Landschaften ruiniert werden? Die Serra ist nur eines von vielen Gebieten Europas, die mit einem langsamen Tod konfrontiert sind. Es gibt dort so viel Reichtum, aber zu wenig Einkommen für die einheimischen Familien.«

Bisher kann dieser Verlust auch durch den Fremdenverkehr nicht aufgehalten werden, denn die Serra de Monchique ist ein unbedeutender Nebenpfad für die Besucherströme an der Algarve: eine Landschaft im Zwielicht des Tourismus. Zwar ist der neunhundertdrei Meter hohe Fóia der höchste Gipfel im südlichen Portugal und ein beliebter Aussichtspunkt. An klaren Tagen hat man hier die ganze Algarve zu Füßen, schaut im Westen bis zum Cabo de São Vicente, im Osten bis zur spanischen Grenze und im Norden weit ins Alentejo hinein. Die Mehrzahl der Besucher kommt jedoch lediglich für einen Tagesausflug von der Küste herauf. Bestenfalls hält man an einem der zahlreichen Restaurants am Straßenrand und probiert dort *frango piri-piri,* die Spezialität der Region, ein in scharfe Chilisoße eingelegtes Hühnchen vom Grill.

Die Thermalquellen von Caldas de Monchique erleben erst langsam wieder einen Aufschwung, seit sie von Grund auf modernisiert und neu eröffnet wurden. Schon die Römer hatten die Quellen von »mons cicus« genutzt, später war manch portugiesischer König zu Gast, um sein Rheuma oder eine Erkrankung der Atemwege zu kurieren. Noch heute gehört die Quinta de São Bento, inzwischen ein Hotel oberhalb des Ortes Monchique, der ehemaligen portugiesischen Königsfamilie Bragança.

Doch mit dem Aufschwung des Bade- und Sonnentourismus an der Küste gerieten die Quellen in Vergessenheit, viele Gebäude verfielen, nur die Abfüllanlage für das Mineralwasser arbeitete weiter, und am Wochenende kamen manchmal einige Portugiesen, um sich Quellwasser für den Eigenbedarf zu holen. Auch nach der Neueröffnung tut man sich in Caldas noch schwer, einen eigenen Stil zu finden. »Programas de bem estar«, eine Form portugiesischer Wellness, sollen die traditionelle Kur ersetzen; Pauschalarrangements mit Sauna, türkischem Bad, Wanderungen, Radtouren und gepflegtem Abendessen werden angeboten, doch das Ambiente erinnert häufig noch an den verstaubten Sanatoriumsbetrieb früherer Zeiten. Das stilvolle alte Badehaus ist zwar restauriert, aber unansehnliche Zweckbauten aus den siebziger Jahren erdrücken den hübschen Ortskern und das kleine Wäldchen mit dem plätschernden Quellwasser.

Die dunklen Wolken, die sich regelmäßig über der Serra de Monchique zusammenbrauen, sind in zweifacher Hinsicht lebenswichtig für die Algarve als Tourismusregion: Das Gebirge ist verantwortlich für das sonnige Klima an der portugiesischen Südküste, es hält die nördlichen atlantischen Witterungseinflüsse ab und sorgt für Verhältnisse, wie sie eigentlich erst für Nordafrika typisch sind. Die Wolke über Monchique zeigt sich oft bereits, während sich die Badegäste längst am Strand sonnen, während an der Küste das winterliche Grün verschwindet und das Land langsam austrocknet. Die Berge aber, die den Regen abhalten und den sonnigen Urlaub garantieren, bleiben selber feucht. Und dies wiederum ist wichtig für die Wasserversorgung der Algarve, die zum großen Teil von der Serra abhängt. Schon vor fünfzig Jahren wurden in den Ausläufern des Gebirges kleine Stauseen angelegt, die nun Hotels und Golfplätze mit dem nötigen Wasser versorgen.

Wasserscheide, Wetterscheide, Kulturscheide: Die Serra de Monchique bleibt vorläufig gefangen zwischen dem alten und dem neuen Portugal, zwischen Alentejo und Algarve. Grundsätzlich schlägt in den Dörfern Monchique, Marmelete und Alferce noch der behäbige Rhythmus des Baixo Alentejo, wo die Korkeichen neun Jahre brauchen, um wieder geschält werden zu können, wo die Olivenbäume Jahrzehnte benötigen, um voll zu tragen, wo schwarze Schweine, Schaf- und Ziegenherden durch das kaum besiedelte Land streifen.

Es gibt noch die Kneipen ohne jegliches Reklameschild, für den Fremden höchstens erkenntlich an den Bierkästen, die sich im Hof nebenan stapeln. Dort stehen die alten Männer mit grauer Stoffhose, Strickweste und Schiebermütze an der Theke und trinken *medronho* oder eine *bica*. Oder sie warten draußen auf den Plätzen, im Schatten eines Baumes, auf das Verstreichen der Zeit. Die Alten sitzen einen halben Tag lang dort, reden wenig oder gar nicht, und sie kümmern sich auch nicht um die Touristen, die in Schüben in ihr Dorf kommen, ihre Sprache nicht sprechen, dafür einen Hauch vom fernen, unbekannten Europa mitbringen, aber nach einer halben Stunde schon wieder weiterfahren.

Diese flüchtigen Besucher beleben den Dorfplatz für eine Weile mit dem rastlosen Urlaubstakt der nur zwanzig Kilometer entfernten Algarveküste, wo jeden Tag Dutzende von Flugzeugen aus dem nördlichen und mittleren Europa eintreffen, wo Urlaubszeit in Tagen, manchmal in Stunden gemessen wird, wo es von großer Wichtigkeit ist, ob man direkt am Strand oder zehn Minuten vom Golfplatz entfernt wohnt. In Monchique überlappen sich diese zwei Welten, ohne einander wirklich zu berühren. Man respektiert einander und ignoriert einander.

Einen Leitfaden für die ausgewogene Entwicklung der Serra hat das Projekt »Bio-Parque Monchique« erarbeitet. Fördergelder stehen zur Verfügung, um die Landschaft und die kulturelle Struktur der Region zu erhalten. Gleichzeitig soll durch Anreize für neue wirtschaftliche Betätigungen die weitere Abwanderung der Bevölkerung gebremst werden. Urlaub auf dem Bauernhof, Campingplätze, ökologische Zentren, Aussichtspunkte und Wanderwege stehen auf der Agenda des Bio-Parque. »Die durch kurzsichtiges wirtschaftliches Handeln verursachte Zerstörung natürlicher Landschaften und die soziale Desintegration sollen aufgehalten werden«, heißt die Devise.

Das klingt gut, vor allem in den Sonntagsreden der Politiker, die dann am Montag in der Lokalzeitung abgedruckt sind. Die Kleinbauern allerdings, die bislang auf ihre Weise die Landschaft gepflegt und die soziale Desintegration aufgehalten haben, können solche Vorhaben nur schwer verstehen: Warum, so fragen sie, wird viel Geld ausgegeben für Programme zur Erhaltung unserer Landschaft und unserer Kultur, während man uns auf der anderen Seite gleichzeitig die Grundlagen dafür entzieht?

Bis zum letzten Zipfel Europas

Vom Durchmarsch des Tourismus an der Algarve

Lange Zeit schien es, als könnte sich eine der letzten Sonnenküsten Europas gegen den Ansturm des Massentourismus verteidigen. Faro oder Albufeira waren erobert, sicher, aber der windige Südwestzipfel Europas jenseits von Portimão hielt stand. Doch die Barrieren sind brüchig geworden. Hinter der Hafeneinfahrt des hübschen Städtchens Lagos zum Beispiel befindet sich Meia Praia, einer der schönsten Strände der Algarve, und der durfte in den Augen der Bauherren und Spekulanten nicht einfach so daliegen. Deshalb werden nun auch hier die schlimmsten Bausünden der östlichen Algarve unbekümmert wiederholt. Es entstehen die unsäglich einfallslosen Apartmentgeschwüre, die schon bei der Fertigstellung aussehen wie Urlauberslums.

Man fragt sich, warum die Kommunen nichts lernen aus den anderswo gemachten Fehlern, und wundert sich, dass Architekten immer wieder in der Lage sind, diesen stillosen Ferienstil durch neue Varianten zu bereichern. Er verschandelt nun auch Schritt für Schritt die Küste westlich von Lagos, wo die Algarvelandschaft merklich rauer wird, wo niedriges Macchia-Gestrüpp die blühende Gartenlandschaft ablöst und wo auch im Sommer fast immer eine kühlende Brise weht.

1988 wurde hier der Parque Natural do Sudoeste

Alentejano e Costa Vicentina eingerichtet, um einen der intaktesten Küstenabschnitte Europas zu bewahren, doch es bleibt fraglich, ob dieses Naturschutzgebiet dem massiven Drängen der Tourismusindustrie auf Dauer wirklich standhält. Zwar ist Sagres noch ein beschaulicher Ort mit einer Art handgestricktem Fremdenverkehr, bei dem Pensionen, kleine Hotels und rustikale Hafenkneipen das Urlaubsbild bestimmen. Doch die vielen Ausflugsbusse, die jeden Tag am Leuchtturm von Cabo São Vicente vorfahren, sind die Vorboten des weiteren touristischen Ausbaus in dieser Gegend. Das Kap, der südwestlichste Zipfel des europäischen Festlands, liegt auf einem Felsplateau, das dramatisch zum Ozean hin abbricht, und ist schon jetzt das beliebteste Ausflugsziel an der westlichen Algarve.

Vor dem Leuchtturm haben Händler ihre Stände mit Souvenirs und billigem Kleinkram aufgebaut, und die Generatoren der Würstchenbuden und Getränkestände übertönen das Rauschen der Wellen. Rund um die Grenzen des Naturparks stehen bereits die Verkaufsschilder der Makler, auch der westliche Rand der Algarve scheint zum Ausverkauf freigegeben. Geplant sind Villenviertel, Apartmentkomplexe, ein neuer Jachthafen und noch mehr Golfplätze. Zur Fußball-Europameisterschaft im Sommer 2004 wurde auch die Autobahn von Faro bis Lagos fertiggestellt und gab der Region einen weiteren Entwicklungsschub.

Sogar im Hinterland setzt sich eine schleichende Veränderung durch. Die alten Bauernhäuser sind seit Jahren oder Jahrzehnten verlassen, die Landwirtschaft auf dem kargen Boden lohnt sich längst nicht mehr. Die meterdicken Begrenzungsmauern der Grundstücke und Äcker, von Generationen aus der kargen Erde geklaubt und mühsam aufgeschichtet, fallen nun in sich zusammen. Die Gebäude befinden sich in keinem besseren Zustand: Der Putz ist ab, zum Vorschein kommen die Lehmziegel, und die traditionelle blau-weiße Bemalung ist nur noch in blassen Spuren zu erkennen. Lediglich in Ausnahmefällen trifft man hinter einer schief hängenden Stalltür noch einen Esel, zwei Schweine oder ein paar Kühe.

Die neuen Häuser aber, die hier gebaut werden, luxuriöse Ferienvillen oder Alterssitze von zugewanderten Engländern, Holländern und Deutschen, ignorieren die alte Bausubstanz. Erst stehen sie vereinzelt in der hügeligen Landschaft, dann in Gruppen, und am Ende folgen die landschaftsfressenden Urbanisationen. Man kann diese Entwicklung optisch nachvollziehen, wenn man von West nach Ost an der Küste der Algarve entlangfährt. Man kann darüber traurig sein oder wütend, ändern lässt sie sich nicht.

Grüne Goldgruben?

Von den bösen Geistern des Golfsports

Portugal, Algarve und Golfsport – das war für Urlauber aus Großbritannien bereits eine Einheit, als anderswo in Südeuropa noch kaum jemand wusste, was ein Fairway ist und als sich in Deutschland die Golfer noch ausschließlich in ihren exklusiven heimatlichen Clubs von der Öffentlichkeit abschirmten. Inzwischen ist die Algarve eine der beliebtesten Golf-Destinationen für Urlauber in Europa, und über die Qualität der Plätze liest man in einschlägigen Magazinen nur Lobeshymnen. Doch hinter den Kulissen ist nicht immer alles so grün, wie die gepflegten Spielbahnen vortäuschen.

Hier soll deshalb einmal nicht die Rede sein von manikürten Grünflächen, spektakulärer Landschaft und fantastischen Meerblicken – den üblichen Markenzeichen der Golfanlagen an der Algarve, die in bunten Urlaubsprospekten und den Werbebroschüren der Betreiber herausgestellt werden. Denn bevor sich die vorwiegend aus England, Deutschland und Holland kommenden Golftouristen an den makellosen Plätzen erfreuen können, ist nicht selten ein dorniger Weg zu beschreiten. Und manchmal bereitet sogar ein fertiger Golfplatz nicht bloß pure Freude.

Von einem bürokratischen Hindernislauf können zum Beispiel die Planer des Projektes »Espiche Golfe« in der Nähe von Lagos ein Lied singen. Mehr als fünfzehn Jahre lang hat eine britische Unternehmensgruppe versucht, im hügeligen Hinterland einen Golfplatz zu eröffnen. Einen bespielbaren Grashalm sucht man in der sommertrockenen Macchia dennoch vergebens. Dabei hatten die Behörden vor vielen Jahren bereits die ersten Genehmigungen erteilt, sodass aufwändige Erdarbeiten in Gang kamen. Das gesamte Gelände wurde nach den Vorstellungen eines renommierten Golfplatzarchitekten gestaltet, die künstlichen Wasserhindernisse angelegt, alle unterirdischen Bewässerungssysteme installiert. Doch kurz vor dem Einsäen des Rasens kam der Einspruch einer zuständigen Behörde in Faro. Seither wechseln sich in schöner Regelmäßigkeit Baustopps mit Baugenehmigungen ab.

Der geplante Golfplatz liegt direkt über dem wichtigsten unterirdischen Wasserreservoir der westlichen Algarve. Es bestehen deshalb Bedenken, dass durch den Gebrauch von Düngemitteln übermäßige Mengen von Nitrat ins Grundwasser sickern könnten, obwohl ökologische Gutachten aus den Vereinigten Staaten, aus England und von der Universität in Faro die Unbedenklichkeit bescheinigt haben. Trotzdem müssen immer neue gesetzliche Anforderungen erfüllt und Verordnungen eingehalten werden, die teilweise bei Planungsbeginn noch gar nicht existierten. Eine Zeitlang wurde der Fall sogar vor dem Obersten Gerichtshof und bei den zuständigen Ministerien in Lissabon verhandelt – ohne eindeutiges Ergebnis. Plausible Erklärungen für die endlose Verzögerung ihres Espiche-Projektes haben die Betreiber, die bereits mehrere Millionen Euro investiert haben, nicht mehr – jedenfalls nicht offiziell. Unter der Hand ist in Lagos allerdings von politischen Interessen, dem Einfluss mächtiger Konkurrenten, Bevorzugung einheimischer Unternehmer oder gar Korruption die Rede.

Erstaunlicherweise wurde im Laufe der behördlichen Auseinandersetzungen ausgerechnet der Bau von »Espiche Golf Village« autorisiert, einer Siedlung mit Dutzenden von Villen und Apartments, die zur Finanzierung des Golfplatzes und zur Erhöhung der Gewinne beitragen sollte und unter Umweltschutzgesichtspunkten kaum weniger bedenklich sein dürfte als der Golfplatz selbst. Doch solange der Platz nicht genehmigt ist, lässt sich auch eine solche Ferienanlage nicht gut vermarkten. Es ist ein Teufelskreis, der dazu geführt hat, dass schon seit Jahren die asphaltierten Straßen, Elektroanschlüsse und Lichtmasten der Siedlung neben den schematischen Erdaufschüttungen des zukünftigen Golfplatzes vor sich hindämmern und längst wieder vom Zahn der Zeit angenagt werden. Zu besichtigen ist eine Art Geisterstadt des Golfsports.

Schneller ging es am anderen Ende von Lagos voran. Nur zwei Jahre hat der Bau des Golfplatzes »Quinta da Boavista« gedauert, der direkt vor den Toren der Stadt eröffnet wurde. Doch obwohl dort jeder Zentimeter Rasen eingesät ist und die Fairways und Grüns sich in gutem Zustand präsentieren, bleibt der Platz ein Provisorium. Ein buntes Faltblatt mit schönen Fotos und ausführlichen Informationen erhält man im Büro der Quinta. Sie preisen den Bau von Villen, Apartmenthäusern und eines Golfhotels entlang der Spielbahnen an. Doch wird es Jahre dauern, bis das letzte Grundstück erschlossen und bebaut ist. Und das bedeutet für den Golfspieler, dass er seinen Sport für lange Zeit auf einer Baustelle ausüben muss. Zwar wirbt Boavista nicht ganz zu Unrecht mit dem fabelhaften Atlantikblick, doch bleibt dieses Panorama getrübt durch Kräne, Schutthaufen, Gruben und Rohbauten, die der gesamten Einrichtung einen behelfsmäßigen Anstrich verleihen.

Längst fertiggestellt und bei Kennern seit vielen Jahren ein Begriff ist der Golfplatz »Parque da Floresta« in Budens. Er ist tatsächlich ein Beispiel für ausgezeichnete, der Landschaft angepasste Golfplatz-Architektur, und doch hat gerade dieser Aspekt einen Haken. Steile Hänge mit beschwerlichen Auf- und Abstiegen machen das Spiel bei den südländischen Temperaturen zu einer sportlichen Herausforderung, der sich vor allem viele Senioren, die an der Algarve leben oder Urlaub machen, nicht gewachsen fühlen. Hinzu kommen an einigen Stellen enge Fairways und versteckte oder sehr kleine Grüns, die das Spiel zusätzlich komplizieren. Vor allem aber liegt der Platz nicht weit entfernt vom Cabo de São Vicente, dem südwestlichsten Zipfel Europas, der markant in den Atlantischen Ozean hinausragt. Und dort weht fast das ganze Jahr über ein so starker und böiger Wind, dass er auch für erfahrene Amateure und sogar für professionelle Spieler extrem schwierige Verhältnisse schafft. Für den durchschnittlichen Urlaubsgolfer bedeutet eine Runde im »Parque da Floresta« nicht nur an stürmischen Tagen eine wahrhafte Tour der Leiden.

Kein Wunder, dass der westlichste und vielleicht schönste Golfplatz der Algarve auch der am wenigsten benutzte ist.

Sogar gute Ideen können also manchmal am Bedarf vorbei realisiert werden – erst recht wenn die Verlockungen von Sonnentourismus und Golfeuphorie rasche und hohe Gewinne versprechen. Aber auch grüne Goldgruben liefern nicht immer den Ertrag, den sich die Spekulanten erhoffen. Das ist an der Algarve nicht anders als an den Küsten des Mittelmeers.

Die Wiege zu Lusitaniens Ruhm

An der Küste der Entdecker

Es ist kaum zu glauben, wie wenig hier daran erinnert, dass an diesem Ort eines der aufregendsten Kapitel der Seefahrtsgeschichte begann. Tausende von Touristen besuchen während der Hochsaison täglich die Fortaleza de Sagres auf den Klippen der westlichen Algarve, doch nirgends erfahren sie, dass Heinrich der Seefahrer an dieser Stelle das Zeitalter der Entdeckungen einleitete und dass hier Portugals Aufstieg zur Weltmacht, das Kolonialzeitalter und Europas jahrhundertelange Beherrschung der Meere begannen.

Während anderswo noch das kleinste lokale Ereignis seinen Niederschlag in Museen, Denkmälern oder wenigstens in einer Erinnerungsplakette findet, scheint Sagres seine welthistorische Bedeutung völlig vergessen zu haben. Nicht einmal in der modernen Ausstellungshalle, die vor einigen Jahren mit viel Geld als Kontrapunkt zwischen die historischen Mauern der gewaltigen Befestigungsanlage gesetzt wurde, findet man den geringsten Hinweis auf den portugiesischen Prinzen oder auf die Kapitäne, die seine Ideen in die Tat umsetzten. Dabei hätte man nur bei Luis de Camões, dem portugiesische Nationaldichter, nachlesen müssen, der die Küste bei Sagres schon vor mehr als vierhundert Jahren verklärt hat: »Westlichster Punkt Europas, wo das Land endet und das Meer beginnt, und wo der Geist des Glaubens und des Abenteuers lebt, der die Karavellen Portugals hinführte zu neuen Welten für die Welt.«

Aber nicht einmal zu der geheimnisvollen Rosa dos Ventos gibt es irgendeinen erklärenden Hinweis, jenem Steinkreis mit dreiundvierzig Metern Durchmesser und vierzig unregelmäßigen Feldern, der erst vor achtzig Jahren unter der Grasnarbe wiederentdeckt wurde und der angeblich aus dem 15. Jahrhundert stammt. Die ursprüngliche Funktion dieser »Windrose« ist unklar, doch soll sie irgendwie in Zusammenhang mit den nautischen Forschungen gestanden haben, die auf den Klippen von Sagres stattfanden.

Mehr als zehn Jahre lang hatte der Infant Dom Henrique, dem man später den Beinamen O Navegador gab, seine Kapitäne beschworen, das vermaledeite Kap Bojador an der afrikanischen Nordwestküste zu umsegeln, doch alle waren davor zurückgeschreckt. In Sagres hatte er sie versammelt, ihnen Chroniken von Reisen nach Afrika und Asien vorgelesen und ihnen Berichte und Karten arabischer Händler gezeigt, um seine Vermutung zu untermauern, dass die Welt südlich der Kanarischen Inseln nicht zu Ende sei. »Und wahrhaftig«, so zitiert ihn der zeitgenössische Chronist Gomes de Zurara, »ich wundere mich, was das für ein Wahn sein soll, dass ihr alle durch eine Sache von so geringer Wahrscheinlichkeit gefesselt seid.« Doch der Prinz hatte gut reden, er selbst musste ja nicht hinaussegeln auf das unbekannte, fürchterliche Meer. Das beschränkte Wissen des finsteren Mittelalters und der Aberglaube ganzer Generationen ließen sich auch mit eindringlichen Worten und königlichen Befehlen nicht einfach vom Tisch wischen.

Jenseits von Kap Bojador, so ging damals das Gerücht, lag das *mar tenebroso*, ein Meer der Finsternis, aus dem kein Schiff zurückkehren würde, ein kochender Ozean mit Riesenfischen, Seeungeheuern und einer glühenden Sonne, die jeden Weißen zum Schwarzen verbrennen würde. Es war die Grenze der damals bekannten Welt, wo angeblich gefährliche Strudel die Schiffe von der Kante der Erde hinunterzögen. Immer wieder kamen die portugiesischen Kapitäne deshalb unverrichteter Dinge von ihren Fahrten entlang der nordafrikanischen Küste zurück. Am Kap Bojador, das mit seinen Riffen, Untiefen und Strömungen tatsächlich ein gefährliches Hindernis für die Schifffahrt darstellt, hatte sich keiner vorbeigetraut. Die psychologische Barriere war dabei freilich immer größer gewesen als die natürliche.

Einer wagte es schließlich. Gil Eanes mag nicht der bedeutendste aller Seefahrer gewesen sein, der mutigste aber war er allemal. 1434 segelte er mit seiner Karavelle nach Süden, passierte die Kanarischen Inseln und die marokkanische Küste und umschiffte anschließend das gefürchtete Kap. Er hatte sich an den Rand des mutmaßlichen Höllenschlunds getraut, doch fand er alles anders vor als befürchtet. Das Meer, die Küste, die Welt gingen tatsächlich weiter. Der Kapitän hatte mit seinem Wagnis den Bann gebrochen und eine der hinderlichsten Schranken der christlichen Seefahrt und des mittelalterlichen Denkens niedergerissen. Mit einer einzigen, gar nicht so langen Reise war das Tor zu den Weltmeeren plötzlich weit aufgestoßen.

Gil Eanes war an der westlichen Algarve zu Hause, geboren in Lagos, dessen Hafen schon seit der Zeit der Phönizier als Anlaufpunkt für den Schiffsverkehr vom und zum Mittelmeer diente. Dort ließ auch Prinz Heinrich die Werften errichten, die seine Karavellen zusammenzimmerten. Heute ist Lagos eine Art westlicher Außenposten des Algarvetourismus, noch immer beschaulich in der Altstadt, selbst wenn in den Sommermonaten viele Touristen die autofreien Gassen bevölkern. Eines der beliebtesten Besucherziele ist der malerische Forte da Ponta da Bandeira an der Hafeneinfahrt, in der das Museu Maritimo seinen Sitz hat. Doch was soll ein Schifffahrtsmuseum in Lagos, das nicht einmal den berühmtesten Seefahrer der Stadt erwähnt und die große Zeit der portugiesischen Seereisen schlichtweg ignoriert? Ausgestellt sind lediglich belanglose Kopien alter Landkarten und ein paar mittelmäßige Gemälde, auf denen alte Segelschiffe zu sehen sind.

Steigt man anschließend auf die oberen Plattformen der Befestigungsanlage, fällt es auch nicht leichter, sich ins abenteuerliche Zeitalter der Entdeckungen zurückzuversetzen. Die Schiffe, die heutzutage den Hafen von Lagos verlassen, befördern in der Regel ein fröhlich unbekümmertes Völkchen hinaus auf ein Meer, das kaum noch Unwägbarkeiten bereithält. Betuchte Segler sind mit ihren Jachten unterwegs zur nächsten, mit allem Komfort ausgestatteten Marina, und der einfache Tourist vergnügt sich an Bord von Ausflugsbooten, auf denen laute Popmusik gespielt und großzügig Bier ausgeschenkt wird.

Unten im Museum ruft die Frage nach Gil Eanes sogar beim Personal nur Kopfschütteln hervor; schließlich verweist jemand auf das Monument an der Avenida dos Descobrimentos. Immerhin, wenigstens ein Denkmal haben sie diesem Mann gesetzt, dessen Tat den nachfolgenden Seefahrern den Weg freimachte: nach Senegal, zur Kongomündung, ans Kap der Guten Hoffnung, endlich auch nach Indien, China und Japan. Und nicht weit entfernt vom Kapitän Eanes sitzt auch Heinrich der Seefahrer auf einem Sockel und wundert sich darüber, dass man in seinem einstigen Wirkungskreis seine großangelegte Unternehmung kaum zu würdigen weiß.

Man muss sich ja nicht unbedingt den verklärten Helden Dom Henrique vorstellen, den portugiesische Geschichtsbücher gern als selbstlosen Förderer der Seefahrt und der Wissenschaft rühmen, denn ein Idealist war der Prinz sicher nicht. Im Gegenteil, mit den Forschungs- und Entdeckungsfahrten verfolgte er ausgesprochen handfeste Interessen, und die richteten sich im fünfzehnten Jahrhundert auf der Iberischen Halbinsel nun einmal in erster Linie gegen die Mauren.

Zu jener Zeit beherrschten »die Ungläubigen« noch große Teile des spanischen Südens, und die kriegerische Reconquista der Christen war dort in vollem Gange. Auch Portugal, aus dem die Araber schon um 1250 endgültig abgezogen waren, wollte nicht abseits stehen bei der Zurückdrängung der Feinde des Christentums und bereitete deshalb einen kühnen Handstreich vor. Unter Führung des erst einundzwanzigjährigen Prinzen Heinrich setzte eine Flotte mit zwanzigtausend Soldaten nach Nordafrika über und eroberte 1415 die Stadt Ceuta, damals florierender Endpunkt von Handelskarawanen aus Asien und dem Inneren des afrikanischen Kontinents.

Mit diesem Überfall, bei dem Heinrich zum ersten und letzten Mal selbst eine Seereise unternahm, begann Portugals Eroberung der Weltmeere. Doch nicht das Finden von Reichtümern war oberstes Ziel dieses Aufbruchs, auch nicht die Suche nach einem Seeweg nach Indien, von dem Heinrich nichts ahnen konnte. Das waren alles Nebeneffekte und spätere Resultate, die mit dem ursprünglichen Zweck nichts zu tun hatten. Das Vordringen nach Süden und die Umrundung des gefürchteten Kap Bojador hatten nach Auskunft des Chronisten Zurara vor allem ein Ziel: herauszufinden, wie weit die Macht der Moslems wirklich reichte.

Vielleicht konnte man sie an ihrer Flanke von den Quellen des Reichtums abschneiden und vielleicht würde man weiter südlich auch jenen legendären christlichen König antreffen, dessen Reich im Mittelalter irgendwo in Zentralafrika vermutet wurde. Gemeinsam mit ihm könnte man die Mauren dann strategisch in die Zange nehmen und leichter besiegen. Es war dieses machtpolitische Kalkül, das Dom Henrique bewegte und seine bahnbrechenden Ansichten hervorbrachte, ein Denken, das in der damaligen Christenheit unerhört war und auch aus heutiger Sicht noch verwegen erscheint. Ausgerechnet die Berichte der verhassten Feinde nahm er ernster als die Vorstellungen und Legenden seiner eigenen Zivilisation, und mit diesen unkonventionellen Ideen ließ er viele geistige und praktische Beschränkungen seiner Zeit hinter sich.

Die Skepsis jedoch war zunächst groß, nicht nur bei den Seefahrern, auch bei den Geldgebern. Deshalb passte es in Heinrichs Konzept, dass er zum Großmeister des Christusritterordens ernannt wurde. In der Nachfolge des Templerordens blickte diese Organisation auf eine lange Tradition von Kreuzzügen zurück, hatte sich ebenfalls die Bekämpfung des Islam zum Ziel gesetzt und verfügte über ausreichend finanzielle Mittel, sodass Heinrich in Sagres Geografen, Astronomen und Seefahrer um sich versammeln und deren Wissen bündeln konnte. Auf den Werften in Lagos gab er den Bau eines neu entwickelten Schiffstyps in Auftrag: Die *caravela latina* war ein etwa zwanzig Meter langes Schiff, dessen Konstruktionsweise die Vorteile der Hansekoggen mit der Beseglung arabischer Vorbilder vereinte und sie deshalb stabiler, wendiger und manövrierfähiger als bisherige Schiffe machte. Auf den Segeln der Karavellen prangte das Kreuz des »Ordem de Cristo« und demonstrierte weithin sichtbar den religiösen Auftrag.

Erst als sich nach der Bezwingung von Kap Bojador auch finanzielle Erfolge einstellten, bekam Heinrich die uneingeschränkte Unterstützung des portugiesischen Hofes. Er erhielt Handelsmonopole und freie Hand für alle Unternehmungen südlich des Kaps. Doch noch immer ging es nur langsam voran: Erst zehn Jahre nach der glorreichen Fahrt von Gil Eanes erreichten die Portugiesen die

Kapverdischen Inseln, und 1460, im Todesjahr von Dom Henrique, hatten die Karavellen noch nicht einmal den Äquator überquert. Schon damals allerdings wussten die Zeitgenossen um die entscheidende Bedeutung der ersten Schritte: »Die meiste Arbeit ist getan«, schrieb Gomes de Zurara. »Die Ausbeutung der neu entdeckten Länder braucht keinen kühnen Geist mehr, keinen Forscherdrang. Die Händler haben die Zukunft in ihren Händen. Und die Truppen sind nur noch zu ihrem Schutze da.«

Auf nennenswerten maurischen Widerstand trafen die Portugiesen an den Küsten Afrikas nicht mehr, und mit dem Sklavenhandel tat sich eine profitable Finanzierungsquelle für weitere Entdeckungsfahrten auf. 1444 fand in Lagos der erste Sklavenmarkt statt, ein harmlos erscheinender Vorbote von einem der grausamsten Kapitel der Menschheitsgeschichte, in den Anfängen vermutlich weniger ein zynisches Geschäft mit menschlicher Ware als eine kuriose Zurschaustellung »exotischer Lebewesen«. Die Portugiesen spielten eine besondere Rolle in diesem Handel, nicht nur, weil sie ihn als Erste begannen, sondern weil sie später mit ihren Kolonien auf beiden Seiten des Atlantischen Ozeans vertreten waren und die Kapverdischen Inseln als strategische Drehscheibe und als praktischen Umschlagplatz verwenden konnten.

Im Laufe der Zeit setzte sich auch die Idee vom Seeweg nach Indien in den Köpfen der Menschen fest. 1487 brach Bartolomeu Diaz zur Umrundung der Südspitze Afrikas auf, nur elf Jahre später erreichte Vasco da Gama bei Calicut den indischen

Subkontinent. Vom südwestlichen Ende Europas aus hatten die Seefahrer und Eroberer in der Nachfolge von Dom Henrique O Navegador den Weg um die arabische Welt herum nach Asien gefunden. Das christliche Europa war damit nicht mehr auf die von den Mauren beherrschten Handelswege angewiesen, um an die begehrten Güter und Rohstoffe des fernen Orients zu gelangen. Da in Spanien mit der Eroberung von Granada fast gleichzeitig die Reconquista zu Ende ging, entstand zwischen dem Abendland und der islamisch dominierten Welt eine geopolitische Konstellation, deren Grundstruktur über Jahrhunderte erhalten blieb und bis in die brisante Situation der Gegenwart fortwirkt.

Die große Zeit der Algarve ist allerdings von bitteren nachfolgenden Ereignissen überschattet. Der Niedergang begann schon kurz nach der Umseglung von Kap Bojador, als Lissabon zum Zentrum der Entdeckungsfahrten wurde. Endgültig bedeutungslos wurde die Algarve, nachdem König Sebastião 1578 von Lagos aus aufgebrochen war, um die Mauren endgültig aus dem nordwestlichen Afrika zu vertreiben. Doch die militärische Unternehmung endete mit einer vernichtenden Niederlage, von der sich die Algarve nicht mehr erholte und die den Verfall des portugiesischen Weltreichs einleitete. Im Zentrum von Lagos erinnert ein Denkmal an den »ersehnten König«, der niemals zurückkehrte, weil er zusammen mit seinem gesamten Heer in der marokkanischen Wüste sein Leben ließ. Als daraufhin die Spanier das portugiesische Machtvakuum ausnutzten und in Lissabon achtzig Jahre lang die Herrschaft übernahmen, versank die Algarve in der Vergessenheit. Das Erdbeben im Jahre 1755 zerstörte dann auch noch die Bausubstanz des alten Lagos, und die Stadt und ihr Hafen wurden endgültig bedeutungslos. Was seither im Land und im portugiesischen Kolonialreich zu geschehen hatte, wurde in Lissabon entschieden und von dort aus in die Wege geleitet.

Es scheint so, als ob die jahrhundertewährende untergeordnete Existenz am Rande der portugiesischen Gesellschaft ausgerechnet an der Algarve selbst das Wissen um die einstige Größe verschüttet hat. Jedenfalls bastelt man dort lieber an einer belanglosen Moderne als in die eigene Vergangenheit zurückzuschauen und verpasst damit die Chance, den Feriengästen ein spannendes Kapitel Weltgeschichte auf attraktive Weise zu präsentieren. Lagos und Sagres sind historische Orte ersten Ranges, die sich dieser Stellung nicht bewusst sind oder nicht viel damit anzufangen wissen.

Diese Haltung ist offenbar keineswegs neu, denn schon im frühen neunzehnten Jahrhundert klagte der romantische Dichter Almeida Garrett über die Vergesslichkeit seiner Landsleute im Süden Portugals: »Hier befand sich die Wiege zu Lusitaniens Ruhm. Heute schafft ihr daraus ein Grabesdenkmal aus untergegangenem Ruhm. Traurige Ruinen, unglückseliger Ort – welche Schande! Wende ab die Augen, Reisender, von diesem Zeugnis der Nation, die hier zum ersten Mal Größe in der Welt erlangte – zu einer anderen Zeit.«

Ein Leuchtturm am Ende der Welt

Der Hausherr vom Cabo de São Vicente

Am Cabo de São Vicente, Europas äußerstem Südwesten, stürzt das Land halsbrecherisch über die Klippen in den schäumenden Ozean hinab und verschwindet in der Meerestiefe. »Wo das Land endet und das Meer beginnt …«, hatte Luís de Camões vor einem halben Jahrtausend gedichtet, dort liegt Portugal. Anfang oder Ende? Eine Frage für Denker. Zur Zeit des Nationaldichters, den seine poetische Beschreibung der portugiesischen Geografie auch im Ausland bekannt gemacht hat, endete an der südwestlichsten Landspitze in der Algarve die Welt.

Von Weitem erkennt man den Leuchtturm mit der roten Stahlkuppel, der kühn an die Kliffabbruchkante gesetzt die hohe Kapnase bewacht. Er ist von einer Festungsmauer und den Überresten des Franziskanerklosters umgeben, das Anfang des 16. Jahrhunderts hier gebaut wurde. Eine Straße von Sagres führt direkt in die Felseneinsamkeit. Am Ende des Asphalts steht der Turm; danach kommt nur noch die Unendlichkeit des Meeres und der unermessliche Horizont. Auf dem letzten Erdstück Europas markiert er die Begegnung von Land und Meer.

Die Natur in dieser menschenfeindlichen Felsengegend zeigt sich in einer Symphonie der Farben: senfbraun die Felsen, smaragdgrün das Meer, honiggelb die Buchten, terrakottarot die Erde. Die karge Vegetation spiegelt die raue Umgebung. Pflanzen ducken sich dicht am Boden, die wenigen Bäume haben windschnittige Formen angenommen. Der Wind hier oben pfeift so scharf, dass man das eigene Wort kaum versteht. Oft ist das Kap von einem dichten Dunstschleier umhüllt, der ihm etwas Gespenstisches verleiht. Kein Wunder, dass es zu einem Ort der Legenden und Mythen wurde und bei den abergläubischen Menschen in der Zeit vor dem Licht Weltuntergangsstimmung auslöste. Nur Mönche durften sich an diesem – eigentlich den Göttern vorbehaltenen – Felsvorsprung aufhalten.

In der Festung entpuppt sich die markante Berühmtheit nicht gerade als architektonisches Meisterstück. Pietätlos haben die Baumeister der Hauptkapelle der ruinierten Klosterkirche statt eines Kirchturms die rote Stahlampel aufgepfropft. Das Klopfen an der Holztür zum Turm, deren weiße Farbe schon abblättert, wird nach einigem Warten erhört. Das braun gebrannte, gegerbte Gesicht des *faroleiro*, wie die Leuchtturmwärter hier heißen, lugt hinter der halb geöffneten Tür hervor, gleich zum Schließen wieder auf dem Sprung. Denn eine Gruppe ist schon oben.

Doch der diensthabende *faroleiro*, Senhor António, macht eine Ausnahme und winkt stumm, ihm über die enge Steintreppe siebzig Stufen durch den Turmbauch nach oben zu folgen. Düster und kalt ist es hier. Auf halber Höhe des achtundzwanzig Meter hohen Turms ist das grün lackierte Herzstück installiert, die Lichtanlage, an der der maritim Uniformierte leidenschaftslos vorüberzieht. Eine

Aufschrift verrät, dass sie 1908 von der Firma Barbier Bénard & Turenne aus Paris gefertigt wurde.

Senhor António eilt in den Kopf des Turmes, wo steht, worauf es ihm ankommt, der gewaltige Kristall. Er turnt gekonnt über eine steile Stahltreppe auf die schmale Gangway, die die Kristallkugel umgibt, und baut sich besitzergreifend neben ihr auf. Zwischen der schillernden Kugel und den mit Segeltuch verhängten Außenfenstern liegen knappe anderthalb Meter. Wenn man hinter den Vorhängen aus dem Rundfenster blinzelt, fällt der Blick sechzig Meter senkrecht in die Tiefe. Da kann einem schon mulmig werden. Sonst sieht man nichts als Meer.

Der *faroleiro* gibt eine Kurzeinführung – auf Portugiesisch, versteht sich. »Dieser Leuchtturm markiert nicht nur die südwestlichste Spitze des Kontinents«, verkündet er siegessicher, »seine Optik ist mit ihrem Durchmesser von 2,66 Metern auch die größte Europas.« Nachdem er eine Pause für ehrfürchtiges Staunen eingelegt hat, kommt der Fachmann zu den technischen Details. »Um die zentrale Fresnellinse von 1908 sind zahlreiche Kristallprismen gestaffelt, die die Lichtbündelung erhöhen und mit deren Hilfe sie die Lichtstrahlen von der Quelle an den Horizont schickt.« Der dreiunddreißigjährige Augustin Fresnel entwickelte die famose Linse, die bis heute Schiffen in aller Welt den Weg weist, 1823.

Hinter den Kristallringen sind die drei Laternen zu sehen, Modelle von 1889, mit je tausend Watt ausgestattet. »Eine ist immer in Betrieb, die beiden anderen dienen als Reserve. Auf Knopfdruck setzt sich die Maschine in Bewegung und das Quecksilbergefäß, auf dem die gestaffelte Linse befestigt ist, beginnt sich zu drehen. Wegen des hohen Gewichts von vier Tonnen muss man den Kristall mit der Hand anschieben und ihm einen Bewegungsimpuls geben.« Der Apparat rotiert dann im Fünfzehn-Sekunden-Takt und sendet den weißen Lichtstrahl bis zu dreiunddreißig Seemeilen auf das Meer hinaus.

Während Senhor António erklärt, achtet er mit Argusaugen darauf, dass man dem wertvollen Stück nicht zu nahe rückt. Als er entdeckt, wie ein Neugieriger ungeniert das Glas befingert, brüllt er: »Don't touch!« Der Erschrockene zuckt unter einer portugiesischen Schimpftirade zusammen. Routiniert zieht Senhor António das orangefarbene Poliertuch aus seiner Hosentasche, wischt den Fingerabdrücken auf den blitzblanken Messingbeschlägen energisch hinterher, faltet es wieder und stopft es zurück in die Tasche. »Don't touch!« ist das Einzige, was er auf Englisch herausbringt.

Schnell hat der Herr des Kristalls seine Ruhe wiedergefunden und kommt zum Wesentlichen zurück. »Das mit dem ›Weltende‹ müssen Sie sich so vorstellen …«, setzt der sonst eher nüchterne Wärter mit einem leicht melancholischen Blick aus dem Fenster an und gerät ins Schwärmen. »Im Mittelalter entfernten sich die Fischer in ihren Nussschalen kaum aus der Sichtweite der Küste. Die Menschen glaubten damals, dass die Schiffe nicht weit von hier über die Kante der Erdscheibe auf deren andere Seite kippen würden. Erst unsere Entdecker sind in dieses Nichts hineingefahren und haben damit das Weltende zur Strecke gebracht.«

Wie alle Portugiesen kennt sich Senhor António bei Camões und in Entdeckungsgeschichte aus.

»Jeden Tag und jede Nacht stehe ich diesem endlosen Meer gegenüber, und nichts passiert, außer dem Wellenschlag und dem schrillen Schrei einer Möwe.« Der Leuchtturmwärter blickt wieder aus dem Turmfenster, auf den spiegelglatten, wie ölig glänzenden Ozean hinaus. »Dann denke ich manchmal an den Infante Dom Henrique, genannt ›der Seefahrer‹, und die anderen Entdecker. Ich stelle mir vor, wie das im 15. Jahrhundert auf diesem Meer mit Strömungen, Sandbänken, Riffen und den Launen des Windes ohne moderne Technik gewesen sein muss.«

Senhor António steht seit Jahren im Dienste des Leuchtturms und ist stolz, *faroleiro* im legendärsten Leuchtturm Portugals zu sein. »Der Leuchtturm ist für uns Wärter eine Heimat und eine Insel. Bis zu einem gewissen Grad auch ein Gefängnis.« Eine kleine Welt, aus deren alltäglicher Monotonie er nur gedanklich ausbricht. Romantik und Abenteuer verbindet er mit seinem Beruf kaum noch. »Dank der ausgefeilten Technik sind die Leuchttürme zuverlässiger und bedienungsfreundlicher geworden, die Arbeit aber auch fantasieloser.« Ein wenig Ernüchterung legt sich in seine Stimme.

Bei vielen seiner Kollegen hat der Turm am südwestlichsten Klippenrand allerdings einen richtig schlechten Ruf. »Wegen der Isolation und der fürchterlichen Stürme. Besonders im Winter, wenn der Wind aus allen Himmelsrichtungen wütet, Orkanböen über das Kap fegen, die Brecher gegen den nackten Fels schlagen und das Meer die Wellen bis ins Fort hineinspuckt. Der ganze Turm zittert dann, und man glaubt, jeden Augenblick könnte der Fels mit ihm zusammen abbrechen. Das ist die Hölle«, entfährt es dem *faroleiro* knapp. Einmal habe er sich nach einem Sturm geschworen, nie wieder in den Turm zu gehen.

Damit ist das Thema für ihn durch. Gefühlsduselei liegt ihm nicht. Lieber liefert er noch etwas Leuchtturmgeschichte. »An gleicher Stelle hat es schon um 1520 ein Leuchtsignal gegeben, in einem extra dafür vorgesehenen Turm im Kloster. Mit Öl genährt, reichte es gut zwanzig Seemeilen weit.« Doch 1587 zielte der englische Pirat Sir Francis Drake mit seinen Kanonen darauf. Der Turm zerbrach und das Licht erlosch. Erst im 17. Jahrhundert wurden wieder eine Warte und ein Licht aufgestellt. Den jetzigen Turm ließ 1846 Königin Maria II. erbauen; noch heute sind die abwechselnd wachhabenden *faroleiros* Staatsdiener, Angestellte des Seefahrtsministeriums.

»Natürlich zünden wir heute kein Licht mehr an wie früher. Die Anlage arbeitet seit 1926 elektrisch und schaltet im Notfall automatisch auf Petroleumgas um«, sagt Senhor António und trauert ein bisschen der Vergangenheit nach. »Wir faroleiros sind heute mehr die Wärter über die seltenen Ausfälle der Technik.« Am Schluss wird der gestrandete Seebär doch noch sentimental. »Selbst wenn alle passierenden Schiffe heute mit Hightech an Bord ausgestattet sind«, hofft optimistisch der Hausherr am Cabo de São Vicente, »haben die Leuchttürme zur Orientierung an der Küste noch lange nicht ausgedient.«

Kurz nach Sonnenuntergang wird das Licht in Betrieb genommen, kurz vor Sonnenaufgang wieder abgeschaltet, natürlich automatisch. Abends, wenn alle Reisebusse und Touristen abgefahren sind, erhält auch das felsige Weltende seine Einsamkeit zurück.